ARMORIAL

DES

BARONS DIOCÉSAINS DU VELAY

ARMORIAL

DES

BARONS DIOCÉSAINS

DU VELAY

PAR

L'ABBÉ THEILLIÈRE

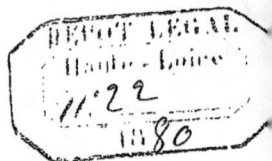

Membre de la Société académique du Puy, et membre correspondant de l'Académie royale, héraldique et généalogique italienne, séant à Pise.

Se vend 7 francs, au profit d'une bonne œuvre.

LE PUY

IMPRIMERIE ET LIBRAIRIE DE J.-M. FRÉYDIER
Place du Breuil, cité Avinenc.

1880

N^{o}

Monsieur,

Permettez-moi de vous dédier cette modeste étude. La dette que j'ai contractée envers vous m'en fait un impérieux devoir.

C'est vous, Monsieur, qui m'avez inoculé la noble passion des recherches historiques dont vous êtes si puissamment épris. Merci, mille fois merci de m'avoir poussé dans cette voie. Vous êtes venu à mon secours toutes les fois que des difficultés ont surgi dans mes travaux, en mettant à ma disposition, avec une obligeance rare, les ouvrages spéciaux que vous possédez en si grand nombre dans votre riche bibliothèque.

Grâce aux modestes travaux historiques qu'il m'a été donné de produire, j'ai pu restaurer, d'une manière à peu près complète, la petite paroisse qui m'était échue, & je puis encore faire quelque bien où je me trouve. Vous savez que les bénéfices réalisés par ce moyen sont intégralement employés en œuvres de bienfaisance. Je ne parle pas des heureux moments que j'ai passés en compulsant vos nombreux ouvrages, ceux surtout concernant le Forez & le Velay, de même que les parchemins poudreux qui me sont tombés sous la main & qui nous donnent des détails si intéressants sur les mœurs d'un autre âge. Ce bonheur n'est guère compris que par ceux qui se laissent prendre par la passion des études sur l'histoire locale.

Je vous dois tout cela, Monsieur; il est donc bien juste que je vous fasse enfin hommage de l'un de mes faibles travaux; personne ne le mérite mieux que vous.

Veuillez agréer, Monsieur, avec l'expression de ma plus profonde reconnaissance, mes plus sincères & mes plus respectueux hommages.

L'abbé THEILLIÈRE.

NOTIONS PRÉLIMINAIRES

JE ne traiterai pas les questions de savoir quelles étaient les attributions des Etats particuliers du Velay, à quelle époque commencèrent ces assemblées provinciales & sous quel roi elles furent établies. Je ne dirai rien non plus des deux ordres de l'Eglise & du Tiers-Etat qui y prenaient séance. Ceux qui voudront avoir des renseignements sur ces divers points liront avec fruit Arnaud, HISTOIRE DU VELAY (tome II, pages 423, 424, 425), de même que Mandet, RÉCITS DU MOYEN AGE (pages 370 & suivantes, & la note J, pages 300, 301, 302, 303, 304 & 305). Je ne sortirai pas du cadre indiqué par mon titre.

Le troisième ordre dont se composaient les Etats était celui de la noblesse. Dix-huit baronnies donnaient droit à leurs possesseurs d'y assister; c'étaient Polignac, Sauffac, Bouzols, Saint-Vidal, Beaudiner, Roche-en-Régnier, Queyrières, Montbonnet, Dunières, Saint-Haon, Lardeyrol, la Brosse, Saint-Didier, Vachères, le Villard, Maubourg, Liudes, Jonchères.

Toute baronnie n'avait donc pas droit d'être représentée à ces assemblées. Ce droit était exclusivement réservé à celles que je viens de citer. On les appelait pour cela baronnies diocésaines. Le privilège d'assistance leur fut accordé sans doute parce qu'elles étaient les plus considérables par l'étendue des domaines, par la notoriété des services rendus par leurs propriétaires & par l'ancienneté des races qui les possédaient.

Le vicomte de Polignac avait toujours la première place fixe, comme aussi, aux assemblées des Etats-Généraux du Languedoc, il occupait la seconde parmi les barons.

Quand une baronnie diocésaine était divisée entre plusieurs maîtres, chacun des coseigneurs assistait à son tour aux assemblées ou s'y faisait représenter.

Pour avoir droit d'assistance & voix délibérative, il fallait être gentilhomme de nom & d'armes, faire preuve de sa noblesse militaire du côté paternel depuis quatre cents ans, au lieu de quatre générations dont la preuve était simplement requise avant 1768, & la preuve, du côté maternel, était réduite à un seul degré. Il y eut des exceptions à cette règle.

Tout représentant d'un baron diocésain devait être pareillement gentilhomme de nom & d'armes & avoir fief noble dans la province. Il devait encore justifier qu'il était majeur de 25 ans, à moins qu'il ne fût fils aîné du seigneur baron, & dans ce cas il suffisait qu'il eût atteint l'âge de 18 ans.

Le règlement de 1768 porte, dans son dernier article : « Comme les « baronnies qui donnent le droit d'entrée aux États doivent être de nature « à donner aux seigneurs barons, par leur étendue & le nombre des habi- « tants qui les composent & par le revenu qu'ils en tirent, un intérêt au « bien général de la province, qui est l'objet de l'administration des États, « nul titre de baronnie non encore acquis ne pourra être assis à l'avenir sur « aucune terre, qu'elle ne soit de qualité requise, pour être susceptible de ce « titre ; & si elle n'est en conséquence en toute justice, haute, moyenne & « basse, si elle n'a trois paroisses qui en dépendent, ou si, à ce défaut, le « lieu dont elle porte le nom ne renferme 400 feux au moins, & si elle « ne rapporte un revenu annuel de 4,000 à 5,000 livres. »

Le droit de prendre séance était exclusivement attaché à la baronnie, c'est-à-dire au sol & nullement à la personne, de telle sorte pourtant que, lorsque le possesseur n'était pas gentilhomme, il n'était point admis à siéger parmi les barons & devait se faire suppléer par un noble.

Lorsque le possesseur d'une baronnie aliénait sa terre, il pouvait transférer sur un autre le droit d'assister aux États, & la seigneurie vendue ou donnée rentrait au rang de toutes les autres de la province. Le nouveau maître était dès lors privé du droit inhérent auparavant à son fief. Nous en verrons au moins un exemple.

Le plan que je suivrai dans ce modeste travail est tout indiqué par mon titre. Je donnerai donc les armoiries de chacune des familles qui ont été possessionnées dans chaque baronnie, tout en faisant connaître ses alliances, son origine, le moment où elle devint maîtresse de la seigneurie & celui où elle la quitta. Je citerai scrupuleusement les sources où j'ai puisé les documents.

POLIGNAC

E fiège des vicomtes de Polignac qui avaient droit à la première place aux affemblées des Etats particuliers du Velay, n'eft plus qu'une ruine. « L'afpeɛt de cette ruine, dit Malègue, dans fon précieux ouvrage, le *Guide de l'étranger dans la Haute-Loire* (pages 385 & 386), donne froid au cœur. Là étaient réunies toutes les ref-fources imaginées dans ces temps de lutte permanente, pour la défenfe d'une place attaquée : chemins ftratégiques, chauffe-trapes & autres pièges mafqués dans un foffé rempli d'eau fangeufe, tour fans iffue apparente, bouclier garni d'un triple rang de meurtrières, ponts-levis, herfe en fer à grillage armé de hériffons tailladés, para-pets couverts, moucharabis, paffages étroits, finueux, bordés de précipices. Les gens du village habitaient les bâtiments dont les ruines font remarquées fur la gauche. La chapelle, les archives & les grandes écuries étaient du même côté. Le corps du logis en retour était deftiné aux étrangers, aux gentilshommes & aux officiers de la garnifon ; dans la cóur était le puits, tant commenté & fi peu fibyllin. A l'eft, vis-à-vis la cathédrale du Puy, fe dreffait la réfidence du vicomte & de fa famille ; c'eft la partie la plus récente & dont il refte le plus de veftiges. Ces divers membres du grand corps communiquaient entre eux direɛtement ou au moyen de gale-ries fupportées par des piliers oɛtogones.

« La citadelle, *donjon* carré du XIVe fiècle, avait 32 mètres d'élé-vation ; fes murailles liffes, foutenues à leur bafe par un robufte contrefort qui régnait autour de l'édifice, étaient garnies d'un redoutable cordon de mâchicoulis; un escalier extérieur, elliptique, très étroit & ménagé dans une cage en maçonnerie du côté le moins exposé, courait le long de la tour jusque sur la plate-forme, dans un lanternon qui abritait la sentinelle de garde; les jours étaient irrégulièrement percés & de petite dimension. Le donjon, qui subsiste encore, était une ressource, un abri certain pour la garnison en cas de surprise; son rez-de-chaussée servait de prison et d'entrepôt. Les salles supérieures offraient de beaux & vastes logements que ne dédaignaient pas les vicomtes eux-mêmes.

« On a reconnu aux fondations retrouvées de la chapelle, que c'était un petit sanctuaire roman du XIe siècle, de 16 mètres sur 3 mèt. 60, en croix latine, à une seule nef, avec deux transepts aboutissant l'un & l'autre à une chapelle en cul-de-four. »

« Le rocher de Polignac, dit Faujas de Saint-Fond, éloigné d'une petite lieue du Puy, mérite d'être visité, tant parce qu'il est entièrement volcanique, que parce qu'on y trouve quelques restes curieux d'antiquité.

« Ce rocher, entièrement isolé dans un petit vallon, n'est accessible que par un seul endroit où l'on a pratiqué un chemin rapide qui conduit du village, bâti sur la croupe de la butte, au château construit sur une assez grande plate-forme qui couronne le rocher.

« Vu de deux cents pas de distance, on croirait que le massif élevé de *Polignac* est tout en basalte pur, mais en s'en approchant de très près, on voit avec autant de surprise que de plaisir qu'il est formé par une brèche volcanique, mêlée de fragments de lave noire poreuse, très dure, luisante & à demi vitrifiée, liés & agglutinés par une lave moins calcinée. Quoique cette brèche soit assez dure, on vient à bout de la tailler, & on en fait une excellente pierre à bâtir; on en trouve cependant quelques blocs presque aussi intraitables que le basalte, où l'on voit divers corps étrangers, tels que des noyaux de granit, de quartz & quelquefois du schorl. »

« Bien des villes du moyen âge, dit enfin Mandet (tome Ier, pages 242 & 243), occupaient moins d'espace, contenaient moins de constructions que la demeure isolée des vicomtes. Pour s'en convaincre, il suffit d'avoir visité une seule fois ce qui reste debout, ce dont on s'est servi successivement pour bâtir presque en entier le bourg de la châtellenie, & ce qui gît entaſſé pêle-mêle ſous la loi d'une décompoſition ſilencieuſe. — Sculptures romaines, monuments du paganiſme & de la chrétienté, architectures de toutes les époques ſont diſperſés en ce lieu dans la confuſion la plus grande. Plus de cent volumes parlent de ces ruines; pluſieurs ont été publiés exprès: les uns pour affirmer l'illuſtre & très antique uſage de chacune de ces pierres, les autres pour contredire, pour nier ces allégations, les traitant d'ignorantes & de menſongères. Il eſt vrai que ce rocher de Polignac eſt peut-être un des lieux où ſe ſont livrées le plus de batailles archéologiques, & il s'y rompra plus d'une lance encore. »

Le lecteur voudra bien excuſer ces citations. Traitant de la principale ſeigneurie du Velay, il m'a ſemblé juſte d'en faire connaître l'antique manoir. Tout cela eſt loin d'être ſans intérêt, & je n'ai cité que des auteurs autrement compétents que moi.

1º *FAMILLE DE POLIGNAC*

Armes : *Faſcé d'argent & de gueules de ſix pièces.*

L'une des familles les plus anciennes du Velay, qu'on a voulu faire remonter juſqu'aux anciens Apollinaires ou ſeigneurs de Polignac, en Velay, préfets du prétoire des Gaules au troiſième ſiècle de l'ère chrétienne. La preuve de cette filiation n'eſt pas faite, mais elle eſt connue par des titres depuis le IXᵉ ſiècle. Elle a joué un rôle des plus importants dans l'hiſtoire de la province. Leur puiſſance politique & territoriale les avait fait ſurnommer *rois des montagnes.* Leurs armes ſont à la ſalle des croiſades. Héracle de Polignac, qui portait le grand étendard des croiſés, fut tué devant Antioche, en 1098.

On compte parmi ſes alliances les maiſons de Montboiſſier, de Montlaur, de Trainel, de Mercœur, de Randon, de Poitiers, de Baux, de Solignac, de Saint-Didier, de Beaufort, de Montaigu, de Liſtenais, de Rouſſillon, &c.

2° *FAMILLE DE CHALENCON*

ARMES : *Fafcé d'argent & de gueules de fix pièces.*

Le premier de fon nom à Polignac fut Guillaume, fire de Chalencon. Il devint maître de la vicomté en 1355, par fon mariage avec
Walpurge de Polignac, unique héritière des biens de fa maifon. Le
nouveau poffeffeur échangea contre les armes des Polignac celles de
fa race, qui étaient :

Echiqueté d'or & d'azur de 4 points à la bordure de gueules,
femée de fleurs de lis d'or.

La famille de Chalencon, originaire du Velay, était connue depuis 1095, & par filiation fuivie depuis 1205. Son château, dont il
refte encore quelques ruines, était fitué dans la paroiffe de Saint-
André-de-Chalencon.

A partir du moment où elle entra en poffeffion de Polignac, elle
s'était alliée avec les familles de Lourdins de Saligny de Randans, de
La Tour-d'Auvergne, de Montmajour, de Saluces, de Chabannes,
de Pompadour, des Serpents, de Sprie de la Baume, de Grimoard de
Beauvoir du Roure, de Rambures, de Mailly, de Mancini, de Polaf-
tron, de Campbell, de Crillon, &c., &c.

Elle a produit un évêque de Mende, un cardinal, auteur de
l'*Anti-Lucrèce* & membre de l'Académie françaife, plufieurs gouver-
neurs du Puy, des lieutenants généraux des armées du Roi, des
maréchaux de camp, un pair de France, un miniftre de Charles X
& un grand nombre d'autres illuftrations militaires.

SOURCES : Outre les auteurs déjà cités, Arnaud, *Histoire du Velay*; La Roque,
Armorial de la noblesse de Languedoc; Bouillet, *Nobiliaire d'Auvergne.*

BOUZOLS

ARMI les curiosités de la commune de Coubon, M. Malègue cite les ruines du château de Bouzols. « Cette résidence féodale, dit M. Truchard Du Molin, aujourd'hui démantelée, sombre, muette, battue par tous les vents, ouverte à toutes les injures, n'avait rien à envier à celle de Polignac, soit pour la force, soit pour la beauté du site. Elle n'était pas seulement, ajoute le même auteur, le principal manoir d'une grande seigneurie, c'était la vigie du pays sur le Vivarais, la place forte dont on s'est le plus souvent & le plus ardemment disputé la possession. »

1° FAMILLE DE MERCŒUR

ARMES : *De gueules à trois fasces de vair.*

Le premier connu est Ithier. La terre de Bouzols lui fut inféodée par Etienne de Mercœur, évêque du Puy, son oncle, qui vivait dans la première moitié du XIe siècle. Quoique l'histoire ne le dise pas, on peut présumer avec raison que l'évêque du Puy était oncle paternel d'Ithier, surtout si l'on fait attention que la maison de Bouzols comptait plusieurs membres portant ce prénom, & qu'il en était de même de celle de Mercœur. Bouillet cite deux Ithier de Mercœur, un, entre autres, vivant dans le xe siècle, qui aurait été grand-père de l'évêque du Puy.

Cette maifon eut des alliances avec celles de Brive, de Saint-Geneix, de Glavenas, & tomba en quenouille vers la fin du douzième fiècle.

2° *FAMILLE DE SAINT-ROMAIN*

ARMES : *De gueules à trois bandes d'argent, celle du milieu chargée d'une fleur de lis de fable.*

M. Truchard Du Molin préfume que ce fut cette famille qui fuccéda à la précédente. On peut avec raifon le préfumer après lui.

Joucerand Ier, fils de Guy II, feigneur de Saint-Romain, & de Marthe de Tournon, devint maître de Bouzols par fon mariage avec Wilhelmine, fille de Geraud de Mercœur & d'Ifabelle de X***.

Il y eut cinq générations de cette maifon, & parmi fes alliances figurent celles de Chalencon, de Chapteuil, de la Roue, de Bains, de Solignac & de Gamelin. Il y eut de la quatrième génération un abbé de Saint-Pierre-la-Tour, un chanoine de l'églife du Puy, un autre abbé de Saint-Vozy qu'un auteur dit iffu *ex illuftri apud Velaunos familia,* deux religieufes à Bellecombe, dont une abbeffe.

3° *FAMILLE DE POLIGNAC*

ARMES : *Les mêmes que plus haut.*

Cette famille, puiffante entre toutes celles du Velay, ainfi que je l'ai dit déjà, entre en poffeffion de Bouzols par fuite de l'alliance contractée par Armand V de Polignac avec Catherine de Bouzols, fille & unique héritière de Beraud de Saint-Romain & de Stache de Gamelin. Ce mariage ne fut conclu que trois ans après les premiers pourparlers, par les foins de Marquèfe de Randon, mère d'Armand, & l'intervention de deux de fes oncles, Pons de Polignac, doyen de Brioude, & Guigon, abbé de Saint-Vozy.

Armand V fut le feul de fa maifon feigneur de Bouzols; marié, en fecondes noces, avec Polie de Poitiers, il mourut en 1343, fans laiffer d'enfant après lui.

4° *FAMILLE DE POITIERS*

Armes : *D'azur à fix befants d'argent, 3, 2, 1. au chef d'or.*

La maifon de Poitiers, d'abord puiffante dans le Valentinois, le devint plus tard dans le Vivarais, & s'établit fortement en Velay par des alliances fucceffives.

Polie était fille d'Aymar IX, comte de Valentinois, & de Sibille de Beau, illuftre maifon de Provence qui poffédait le comté d'Avellino, au royaume de Naples, & qui eut des alliances princières. Elle était veuve depuis le mois de feptembre 1327, de Rénaud IV, comte de Dammartin, lorfque Armand V l'époufa. Elle fut fi bien manœuvrer, foit auprès de fon mari, foit auprès de fes neveux, qu'elle obtint la propriété des feigneuries de Bouzols & de Serviffas.

Aymar VI, fon neveu, hérita de fes biens, après fa mort qui arriva vers 1347. Le nouveau propriétaire ne demeura pas maître long-temps, &, le 3 novembre de cette même année, il vendait tous fes droits à Hugues Roger de Beaufort, au prix de 24,000 livres de petit tournois.

5.° *FAMILLE DE BEAUFORT-TURENNE*

Armes : *Coticé d'or & de gueules; écartelé d'argent, à la bande d'azur, accompagnée de fix rofes de gueules en orle.*

D'après Juftel, *Hiftoire de la maifon de Turenne* (tome II, p. 59), cette famille aurait eu pour origine le lieu de Rofiers, en Limoufin. Ses repréfentants ne tardèrent pas de devenir comtes de Beaufort, en Anjou, & maîtres de la vicomté de Turenne qu'ils acquirent de Cécile de Comminges, en 1350.

Pierre Roger, pape fous le nom de Clément VI, Hugues & Jean
Roger, cardinaux, Pierre Roger qui arriva auffi à la papauté fous le
nom de Grégoire XI, appartenaient à cette famille. Le maréchal
Henri de La Tour, qui porta le nom de Turenne, l'a, à jamais,
rendu immortel.

Maîtres de la baronnie de Bouzols dès 1347, les Beaufort-Turenne
ne la poffédèrent que jufqu'à l'an 1420, époque où elle paffa de fait
à la maifon d'Armagnac, quoiqu'elle revînt de droit à celle de la
Tour-d'Auvergne.

6° FAMILLE D'ARMAGNAC

ARMES : *Ecartelé aux 1 & 4, au lion de gueules, qui eft d'Armagnac;
aux 2 & 3 de gueules au léopard lionné d'or, qui eft Carlat-Rodez.*

Les d'Armagnac avaient pris leur nom du comté connu fous cette
dénomination, en Provence. Cette famille joua un grand rôle dans
la guerre des Bourguignons. Tout le monde connaît les exploits de
Bernard d'Armagnac, comte de Pardiac, un de fes membres les plus
illuftres.

Maîtreffe de Bouzols par ufurpation, la maifon d'Armagnac s'y
maintint envers & contre tous, pendant une cinquantaine d'années,
jufque vers la fin du xvᵉ fiècle.

7° FAMILLE DE LA TOUR-D'AUVERGNE

ARMES : *Ecartelé, 1 & 4, au femé de France, à la tour d'argent,
au bâton de gueules; aux 2 & 3, coticé d'or & de gueules.*

« Cette famille, dit M. Truchard Du Molin, a donné une férie de
ces hommes fupérieurs qui mettent une race hors de pairs & la font
vivre éternellement dans l'hiftoire. Elle a eu des alliances avec les
plus grandes maifons de France & la plupart des maifons fouve-

raines de l'Europe; elle a produit des évêques, des chefs d'ordre, des patriarches, des cardinaux, un vice-roi, des chambellans, des ambaffadeurs, des lieutenants généraux, des maréchaux & des ducs de Bouillon. »

La branche qui poffêda Bouzols par la tranfmiffion qui lui en avait été faite par les Roger de Beaufort, était dite d'Oliergues, & ne prit poffeffion de la baronnie qu'après les d'Armagnac, vers 1490. Elle en fut maîtreffe jufqu'en 1621, époque où cette feigneurie paffa à la famille fuivante, par acte d'achat.

8° *FAMILLE DE MONTAGU-BOUZOLS*

ARMES : *Ecartelé aux 1 & 4 de gueules, à la tour donjonnée d'argent, qui eft de Montagu ; aux 2 & 3 écartelé d'argent & de gueules en∭∫autoir, qui eft de Beaune.*

Cette famille, poffeffionnée dans le Vivarais dès le XIIIᵉ fiècle, ferait une branche de la maifon de Montagu-Champeix, en Auvergne, d'après Moréri & Audigier. Elle compte parmi fes illuftrations Guérin de Montagu, grand-maître de Saint-Jean de Jérufalem, élu en 1204, après la victoire que les chrétiens d'Arménie remportèrent fur Soliman, & Bernard de Montagu, évêque du Puy.

Le premier de cette maifon, établi en Velay, fut Jofué de Montagu, de Saint-Marcel d'Ardèche, marié, en 1603, à Gafparde de Beaune, fille de Claude de Beaune & de Marie de Langeac. Il acheta Bouzols avec toutes fes dépendances, droits & devoirs feigneuriaux, le 25 mai 1621, par acte paffé devant Joly & Hautdefens, notaires au Châtelet de Paris. L'inveftiture fut donnée par Juft de Serres, évêque du Puy, le 14 août de la même année.

Parmi fes alliances figurent les de Beaune, de Beaume-Suze, d'Ancezune de Caderouffe, de Beaufort-Canillac, d'Aurelles, de Fitz-James, de Noailles.

M. Borel d'Hauterive termine ainfi qu'il fuit une généalogie de la maifon de Montagu, dans l'*Annuaire de la Nobleffe françaife.*

« IX. — Joachim de Montagu-Bouzols époufa, le 12 mai 1783, Anne-Pauline-Dominique de Noailles, fille du duc d'Ayen & d'Henriette-Louife d'Aguesfeau ; il laissa de cette union : 1° Aftale de Montagu, qui époufa Mlle Jousfinot de Tourdonnet, dont il eut la comtesfe de Carné & d'Andigné & la marquife de Fraguier ; 2° la comtesfe de Romayère ; 3° la comtesfe du Parc ; 4° Marie-Paule-Sophie de Montagu-Beaune, femme d'Adolphe Gaillard de Feré d'Auberville & mère de la marquife de Montaignac de Chauvance, & d'Amélie, mariée au général Lamoricière. »

SOURCES : Outre les auteurs cités, Bouillet, *Nobiliaire d'Auvergne* ; surtout M. Truchard Du Molin, *Baronnie de Bouzols.*

DUNIÈRES

ETTE baronnie, dit Arnaud, « resta divisée jusqu'en 1753 entre deux propriétaires, qui assistaient chacun par tour aux Etats du Velay. » Il m'est impossible d'assigner à chacune des familles qui me sont connues la portion qui lui appartenait sur cette terre. Je me contenterai donc de les faire connaître, tout en indiquant, quand je le pourrai, la manière donte lles entrèrent en possession & celle dont elles la cessèrent.

Citons encore ici M. Malègue. « Les ruines de la châtellenie de Dunières-la-Roue, dit-il, sont dans le bourg même de Dunières & ont été restaurées pour servir de couvent aux religieuses de Saint-Joseph. Cette restauration, on ne peut plus inintelligente, a fait disparaître tout ce qui rattachait l'édifice au passé. — La vieille tour de la châtellenie de Dunières-Joyeuse, qui survit au milieu de l'écroulement du manoir, est vraiment majestueuse; c'est une personnification du moyen âge; ce front sombre & crénelé, hissé sur la roche la plus abrupte de la contrée, est comme une sentinelle perdue; l'hiver, au milieu des tempêtes neigeuses, elle est comme un phare pour le voyageur égaré. »

1º *FAMILLE DE RETOURTOUR*

ARMES : *D'azur à la croix d'argent.*

Le premier connu est Odon de Retourtour, qui vivait dans le XIIᵉ siècle & fit remarquer en lui toutes les qualités d'un grand évêque, à qui l'églife de Valence eft redevable de prefque toutes fes prérogatives. Cette famille fe fondit, fur la fin du XIVe fiècle, avec celle de Tournon.

Vers le milieu du fiècle indiqué, vivait Briand de Retourtour, baron de Mahun, feigneur de Beauchâtel, de Soigne, du Château-bas de Dunières, de Montfaucon & de Saint-Juft-en-Velay. Il devint baron d'Argental & feigneur de la Faye, en 1360, par fon mariage avec Béatrix d'Argental. Briand, dit un manufcrit, était un feigneur rond, franc, plein d'honneur & de religion.

Marié, en troifièmes noces, à Smaragde de la Roue, fille d'Aymar de la Roue & Montpeloux, il donna à cette dernière, fa vie durant, l'ufufruit de Montfaucon, Beauchâtel, Dunières & Saint-Juft-les-Velay. Cet ufufruit fut porté par Smaragde à Guy de Saint-Prieft, vers 1380. Il ne paraît pas que le repréfentant de cette nouvelle famille ait été maître longtemps de la baronnie. Smaragde étant morte fans enfant, je ne fais à qui échut Dunières.

2° FAMILLE DE SAINT-DIDIER

ARMES : *D'azur au lion d'argent, à la bordure de gueules, chargée de huit fleurs de lis d'or.*

C'eft la même famille que celle dont il fera queftion dans l'article concernant la baronnie de Saint-Didier. Elle poffédait en partie Dunières. « Dès le XIIe fiècle, dit M. Fraiffe, *Tablettes hiftoriques du Velay,* la terre de Saint-Didier comprenait en grande partie le canton actuel de Saint-Didier-la-Séauve, prefque toute la paroiffe de Moniftrol & une bonne portion de celle de Dunières. — En 1285, Joufferand de Saint-Didier, feigneur du dit lieu & fils de Guigon & d'Ifabelle de Clérieu, reconnaît tenir de l'évêque du Puy, entre autres, le château de Dunières & tout ce qu'il a dans ce bourg, avec juftice haute, moyenne & baffe. » — En 1295, Alexandre de Saint-Didier, chanoine de Valence & frère de Joufferand, fait hommage pour le château fupérieur de Dunières, pour la maifon de Bonnegarde au bourg de Dunières & pour le prieuré du dit lieu. — Je trouve encore Alexandre de Saint-Didier, fils de Joufferand & d'Amphelife de Chalencon, qui fe titre feigneur de Saint-Didier, de Dunières, de Riotord & de Rochefort.

La portion de Dunières dont fut maîtreffe la famille de Saint-Didier, paffa aux maifons qui lui fuccédèrent, fut appelée plus tard Dunières-les-Joyeufe & détachée de Saint-Didier vers 1600, ainfi que je le dirai dans la fuite.

3° FAMILLE DE SAINT-TRIVIER

ARMES : *D'or à la bande de gueules.* — *Cimier : un bœuf d'or.* — *Supports : deux chats d'argent.* — *Devife : « Tant vaut l'homme, tant vaut la terre. »*

Il s'agit ici de la famille de Chabeu, dont le nom décompofé a fourni le cimier & les fupports de fes armes. Elle fe dénomma de Saint-Trivier par fuite du mariage de Guy de Chabeu avec la fille de Dalmace de Beaujeu, fieur de Saint-Trivier, en Dombes. C'était, au rapport d'un généalogifte, la famille la plus illuftre des Dombes, celle qui a pris ou donné plus de grandes alliances, poffédé plus de terres & de feigneuries, & fait plus de branches.

D'après une généalogie manufcrite de la famille de la Roue que je citerai plufieurs fois, vivait vers la fin du XIIIᵉ fiècle Jacques-André de Saint-Trivier, baron, en partie, de Dunières, mort en 1320. Il aurait donné fa feigneurie à Andrée de Saint-Trivier, fa nièce, qui l'aurait portée à Bertrand de Solignac, en 1318. — Dans fon *Hiftoire de la fouveraineté des Dombes*, à la généalogie des de Chabeu, M. Guigue conftate pareillement cette union, mais il donne à l'époufe le prénom d'Andelis & place le mariage à la fin du XIIIᵉ fiècle.

Andelis ou Andrée-Andelis de Saint-Trivier était fille de Guy de Saint-Trivier & d'Iolande de Berzé. Je ne fais comment fa famille devint maîtreffe de Dunières.

4° *FAMILLE DE SOLIGNAC-LA-ROUE*

ARMES : *Ecartelé aux 1 & 4 d'or & d'azur, de six pièces, qui est de la
     Roue; aux 2 & 3 d'argent, au chef de gueules, qui est de Solignac.*

« La maison de Solignac, qui fut la seconde maison de la Roue,
de 1324 à 1570, était, dit Chambron, une famille très ancienne,
qui avait tiré son nom de la terre de Solignac-sur-Loire, à trois
ou quatre lieues du Puy, où l'on voit encore les ruines de son
château fort, qu'elle possédait depuis 1033 en la personne de Robert
de Solignac. »

Ce fut Gilbert de Solignac, qui descendait de Robert au dixième
degré, qui forma la branche des Solignac-la-Roue. Il se titrait baron
de Solignac, seigneur de Saint-Agrève, puis d'Aurec, ensuite baron
de la Roue, seigneur de Saint-Bonnet-le-Château, de Miribel &
autres domaines en Forez & en Velay. Il s'était marié en secondes
noces, en 1290, à noble Sibille de la Roue, qui lui apporta les biens
de sa maison dont elle avait été seule héritière.

Il y eut de ce mariage, entre autres enfants, Bertrand de Solignac,
surnommé *Goet*, que sa mère établit héritier par son testament. On
sait comment il entra en possession de la baronnie de Dunières.

Sibaud de la Roue, fils de ces derniers, fit, en mars 1352, un
traité avec Goyet & Armand de la Roue, ses frères aînés, au sujet
de la succession de feu leur père & mère, par lequel il eut pour sa
légitime la moitié de Dunières. Il fit aussi un accord, en 1375, avec
Briand IV de Retourtour, baron d'Argental & de Mahun, seigneur
de Beauchâtel, de Montfaucon, partie de Dunières, son neveu par
alliance, pour leurs droits respectifs dans la terre & baronnie de
Dunières.

Sibaud de la Roue, n'ayant pas eu d'enfant de sa femme, Armande
de Jacoras, fit donation de sa baronnie de Dunières à Armand V
de la Roue, son petit-neveu, qui en rendit hommage à Raymond-
Louis de Beaufort, vicomte de Turenne, comme baron de Fay, en
Vivarais.

L'arrière-petit-fils d'Armand V & d'Isabeau de Chalencon, Guil-

laume de la Roue, capitaine de cavalerie, chambellan de Louis XI
& du duc de Bourbon, affifta aux Etats particuliers du Velay, pour
Dunières, qui fe tinrent à Yffingeaux, le 30 novembre 1494.

La baronnie de Dunières & la cofeigneurie de Montfaucon échurent en dot à Anne de la Roue, fille de Guillaume & de Gabrielle
de Chauvigny de Blot. Ce fut par elle que les biens qui lui étaient
échus paffèrent à la famille fuivante.

5° *FAMILLE DE SAINT-PRIEST*

ARMES : *Cinq points d'or équipollés à quatre d'azur.*

D'après Le Laboureur & M. de La Tour-Varan, contrairement à
ce qu'en a dit Antoine Duverdier, cette famille était inconteftable-
ment d'origine forézienne. Les d'Urgel ne devinrent poffeffeurs de
Saint-Prieft que par le mariage de Joufferand d'Urgel avec Béatrix,
fille de Pons de Jarez, qui avait eu en partage la terre de Saint-Prieft.

Gabriel de Saint-Prieft, fils de Guy & d'Alix Gafte de Luppé,
devint baron de Dunières en époufant Anne de la Roue, en 1486.
Il fe titrait feigneur de Saint-Prieft, de Saint-Juft-en-Velay, Meys,
Sainte-Foi-l'Argentière, & était chevalier de l'ordre de Saint-Mi-
chel. Il fuivit Charles VIII à la conquête du royaume de Naples,
en 1494 & 1495.

Il ne paraît pas que fes enfants lui aient fuccédé dans la poffeffion
de Dunières, car je trouve cette baronnie au pouvoir de Charles de
la Roue, neveu de Gabriel & d'Anne de la Roue, vers 1554, puis
entre les mains de Jeanne de la Roue, fœur de Charles, & ce fut
par elle que la famille ci-après en devint maîtreffe.

6° *FAMILLE D'HÉRAIL DE PIERREFORT LA ROUE*

ARMES : *Ecartelé aux 1er & 4me quartier d'hermine plein, qui eft de Bretagne ; aux 2 & 3 d'or à la bordure de gueules, qui eft de Pierrefort.*

D'après Chambron, la maifon d'Hérail de Pierrefort était auffi
ancienne qu'illuftre. On la difait iffue des comtes de Rennes ou des

ducs de Bretagne, fans pouvoir pourtant établir cette origine. Elle remontait certainement à Pierre, fire de Ganges, dans l'ancien diocèfe de Magdelone, en Languedoc, vivant en 1055.

Je trouve au dixième degré de cette maifon, noble René d'Hérail de Pierrefort, chevalier, baron de Pierrefort, de Ganges, fire de Buzeringues, de Briffac, de Turlende & autres lieux, du chef de fes père & mère. Il fe maria, le 10 mars 1549, à Jeanne de la Roue, du chef de laquelle il devint baron de la Roue & de Dunières, feigneur de la Chaux, de Montpeloux, d'Oriol, de la Chapelle, de la Fare, de la Marade & autres domaines. Après la mort de fon beau-frère Jacques de la Roue, en 1570, il prit le nom de la Roue & forma la troifième maifon de ce nom.

Gafparde de la Roue, petite-fille des précédents & fille de Marc-Pierre de la Roue & de Suzanne de Rochebaron, porta Dunières aux deux familles qui vont fuivre, par deux mariages fucceffifs.

7⁰ FAMILLE ROBERT-LIGNERAC

ARMES : (En 1660)..... *D'argent à trois pals de gueules.*
(Plus tard)..... *D'argent à trois pals d'azur.*

Des repréfentants de cette maifon ont été barons, puis marquis de Lignerac, marquis puis ducs de Caylus, &c., &c. Cette famille eft ancienne & illuftre. Elle eft connue dans l'hiftoire dès le XIII⁰ fiècle, & a eu des alliances avec celles de Gaufrédi, de Sully, d'Uffel, de Scorailles, d'Hautfort, de La Châtre, de la Roue-Pierrefort, de Lévis, d'Efpinchal, de Broglie, de Mailly, &c., &c.

Le premier époux de Gafparde d'Hérail de Pierrefort fut Giles Robert de Lignerac, fils de François, capitaine des gardes de la reine Elifabeth d'Autriche, femme de Charles IX, & de Françoife de Scorailles. C'eft par ce mariage qu'il devint baron de Dunières. Ayant été affaffiné fur le chemin de Saint-Didier à Dunières par fept hommes armés auxquels il oppofa une réfiftance héroïque, fa veuve fe remaria avec Jacques d'Efpinchal, baron de Maffiac, auquel elle porta la terre de Dunières.

M. Truchard Du Molin, *Baronnie de Roche-en-Régnier* (p. 150), dit que, vers 1600, le duc de Montpenſier vendit à Giles Robert de Lignerac, au prix de 11,000 livres, la portion de la baronnie de Saint-Didier connue ſous le nom de Dunières-les-Joyeuſe, & que l'acheteur en reçut l'inveſtiture en 1606.

8° *FAMILLE D'ESPINCHAL*

ARMES : *D'azur, au griffon d'or, accompagné de trois épis de blé de même, poſés en pal, deux en chef, un en pointe.*

Famille d'origine chevalereſque, non moins diſtinguée par ſes alliances & ſes ſervices militaires que par ſon ancienneté. Elle a pris ſon nom d'une terre ſituée entre Condat & Beſſes, en Auvergne. Elle s'allia avec les de Tourzel, Rochefort-d'Ailly, Hauterive, Tour-Rochebrune, Léotoing-Montgon, Saint-Germain-d'Apchon, Hérail de la Roue, Polignac, Montmorin-Saint-Hérens, Chavagnac & Boiſ-ſier.

Jacques d'Eſpinchal, fils de François, premier du nom, baron d'Eſpinchal, & de Marguerite de Saint-Germain-d'Apchon, épouſa, vers 1624, Gaſparde d'Hérail de la Roue, dame de Dunières, déjà veuve de Giles Robert de Lignerac, & ce fut par ce mariage que cette maiſon acquit la baronnie qu'elle ne garda que juſqu'aux pre-mières années du XVIII⁰ ſiècle.

9° *FAMILLE DE LA GARDE-CHAMBONAS*

ARMES : *D'azur au chef d'argent.*

Maiſon d'ancienne chevalerie, de la province de Languedoc, alliée aux maiſons de Molette-Morangier, de Dienne de Cheyladet, de Fontanges-d'Auberoque, de Ligne, de Grimoard de Beauvoir, du Roure, de Leſpinaſſe-Langeac.

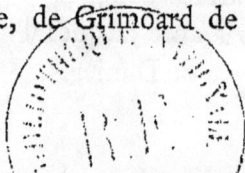

Le feul membre qui pofféda Dunières me paraît avoir été Henri-Jofeph de la Garde, dit le comte de Chambonas, baron des Etats du Languedoc, par l'acquifition de la baronnie de Saint-Félix, diocèfe de Touloufe, le 24 feptembre 1712, lieutenant-capitaine aux gardes françaifes, premier gentilhomme de la chambre du duc du Maine. Il était fils d'Henri-Jofeph, auteur d'une branche de fa famille, & avait époufé, en 1695, Marie-Charlotte de Fontanges-d'Auberoque.

Je ne fais comment il devint maître de la baronnie; peut-être par achat, à la fuite de la condamnation à mort & de l'expatriation qui la fuivit, de Charles-Gafpard, marquis d'Efpinchal.

10° *FAMILLE DE FAY*

ARMES : *De gueules à la bande d'or, chargée d'une fouine d'azur.*

L'inventaire des meubles & titres de Jean de Fay, marquis de La Tour-Maubourg, publié par M. le docteur Charreyre dans les *Tablettes hifloriques du Velay* (t. VIII, p. 509), mentionne un acte de procuration, donnée par le maréchal de La Tour-Maubourg à dame Agnès de Trudaine, fon époufe (10 feptembre 1736), par laquelle le dit feigneur lui donne pouvoir de faire l'acquifition de la moitié de la terre de Dunières, &c. Il mentionne auffi deux mémoires, l'un pour le rétabliffement de la charge de châtelain en la juridiction de Dunières, & l'autre pour le recouvrement des titres de la terre & baronnie de Dunières concernant la portion du dit maréchal. En 1753, la terre de Dunières, qui avait été divifée jufque-là, ceffa de l'être à partir de cette époque & appartint tout entière à la famille en queftion. Arnaud, qui conftate ce fait, donne Claude-Florimond de Fay de Coiffe, marquis de Maubourg, comme maître de Dunières de 1753 à 1789.

SOURCES : Livre des Hommages aux évêques du Puy; *Tablettes historiques du Velay*; Bouillet, *Armorial d'Auvergne*; Arnaud, *Histoire du Velay*; Généalogie manuscrite des diverses familles de la Roue, au pouvoir de M. Louis Chalayer; Inventaire des meubles et titres de Jean de Fay, marquis de La Tour-Maubourg; Notice historique sur la paroisse de Saint-Just-Malmont.

CHABRESPINE OU MAUBOURG

ITUÉ au fud-eft & à peu de diftance de Saint-Maurice-de-Lignon, le château de Maubourg eft de conftruction moderne & fut édifié par M. le marquis de La Tour-Maubourg, ambaffadeur à Rome, par fuite d'un violent incendie qui avait dévoré l'ancien manoir. Il ne refte des conftructions d'autrefois, qu'une feule tour, éloignée de foixante-dix mètres de l'habitation actuelle. Je ne puis dire ce qu'était le caftel primordial. Au rapport de M. Fraiffe, curé de Moniftrol-fur-Loire, c'était une forterefse. Il devait donc y avoir tout ce qui accompagnait d'habitude ces fortes de conftructions, foffés, remparts, meurtrières, mâchicoulis, &c., &c. Il n'y a rien de tout cela aujourd'hui. La maifon, édifiée dans d'affez larges proportions, offre tout le confort exigé par la pofition & la fortune de la puiffante famille qui l'habite. Elle eft placée au milieu d'un parc magnifique & noyée pour ainfi dire dans la verdure. Les terrains qui l'environnent font complantés de bois de la plus belle venue ou livrés à l'agriculture. On aime à vifiter ces lieux fi pleins de fouvenirs des perfonnages illuftres qui les ont habités, mais on fent un ferrement de cœur quand on penfe aux derniers malheurs qui ont atteint naguère cette illuftre famille.

1° *FAMILLE MALET-CHABRESPINE*

ARMES : *D'or au lion de fable, armé & lampaſſé d'or.*

« Bien préciſer l'hiſtoire & la généalogie de la famille qui poſſéda
d'abord Maubourg, dit l'infatigable abbé Fraiſſe, me paraît difficile,
ſoit à cauſe que les vieux monuments ſe ſont perdus, ſoit parce
que les maîtres de cette puiſſante baronnie étendaient en même
temps leur juridiction ſur d'autres ſeigneuries environnantes, où par-
fois même ils habitaient; & comme l'uſage ancien était de ne donner aux ſeigneurs que le nom de leur fief principal, il y a danger
de confondre ici les ſeigneurs de La Tour, de Chabreſpine, de Maubourg, &c. Mon opinion eſt cependant que le fiège, au moins de
la première famille, que j'ai trouvée maîtreſſe de Maubourg, était
la *Tour*, en la paroiſſe de Sainte-Sigolène, & que, de là étendant ſon
pouvoir, elle arriva en la poſſeſſion de Maubourg qui n'était d'abord
qu'une fortereſſe, mais qui, par ſuite, devint le fiège de toute la
baronnie & s'appela La Tour-Maubourg. »

Cette famille eſſentiellement vellavienne fut très puiſſante en notre
pays, durant les XIIIᵉ, XIVᵉ & XVᵉ fiècles. Outre ſes fiefs primitifs de
La Tour, de Chabreſpine & de Maubourg, elle eut auſſi, au moins
temporairement, ceux de la Broſſe & du Beſſet. Dans l'état actuel des
connaiſſances, il eſt regrettable qu'on n'en puiſſe donner qu'un tron-
çon de généalogie.

Le titre le plus ancien où il en eſt queſtion, eſt le Cartulaire de
Chamalières. Vers la fin du XIᵉ fiècle, Dalmace Malet & Sylvius,
ſon frère, aſſiſtèrent comme témoins à la donation faite par Adhémar,
évêque du Puy, de l'égliſe de Beauzac au couvent de Chamalières.
Cette donation eſt conſtatée au n° 99. — Il eſt encore queſtion, dans
le même cartulaire, de deux autres membres de la même famille.
En 1163, Bertrand Malet & Humbert, ſon frère, ſont préſents à la
donation d'un repas, faite au même monaſtère par Pierre de Beaumont, prieur du couvent.

A partir de la fin du XIIIᵉ fiècle, l'hiſtoire de cette famille ſe dégage

un peu de l'obfcurité. On trouve alors trois frères Malet de La Tour
& de Maubourg : 1° Joufferand Malet; 2° autre Joufferand, abbé de
Saint-Pierre-la-Tour; 3° Guigon Malet, chevalier en 1308, & le premier de fon nom à la Broffe.

Joufferand époufa Elife de Chalencon, dont font iffus Bertrand qui
fuit, & Imbert, chanoine de l'églife du Puy.

Bertrand Malet fe maria vers 1324 avec Elife d'Uffon. — Jean
Malet paraît avoir été fils de ces derniers, & on le trouve dès 1361.
— Son fils, Louis Malet, dont la femme eft inconnue, apparaît après
fon père comme maître de la baronnie. — Vient enfuite, en 1451,
Jean Malet dont on ne connaît pas l'époufe.

De ce dernier mariage on connaît deux enfants : 1° Guiot, qui
fuivra; 2° Louis, qui époufa, en 1450, demoifelle Catherine Alle-
man, d'où un fils, du nom de Louis II, & une fille appelée Charlotte, qui époufa Jean de Fay. Il y eut de ces derniers, entre autres,
un fils dont nous parlerons tout à l'heure.

Guiot Malet de La Tour-Maubourg époufa, vers 1460, demoifelle
Clauda de Châteauneuf de Rochebonne, & il en eut : 1° Jacques;
2° Claude, qui entra dans les ordres; 3° Jean, qui fuivra.

On préfume que Jean eut pour époufe une demoifelle de Bref-
foles, qui lui donna une feule fille. Cette dernière fut unie en mariage, vers 1527, à Chriftophe de Fay, feigneur de Saint-Quentin,
en la paroiffe de Beaulieu, fon coufin au moins au troifième degré.

Voici les points principaux à noter dans le contrat de mariage :

1° Marguerite eft appelée fille de feu Jean Malet, de fon vivant
feigneur de La Tour-Maubourg & Chabrefpine, fans indication du
nom de fa mère;

2° Marguerite procède du confentement de noble & vénérable
meffire Jacques Malet, dit de La Tour, feigneur de La Tour-Maubourg & Chabrefpine, lequel, ayant le mariage pour agréable, fait
donation aux époux, du château, maifon, granges, jardins, prés &
dépendances, juftice haute, moyenne & baffe du dit château & mandement de La Tour, ne fe réfervant, pendant fa vie, que la jouiffance
de cinq moulins & du bois de Fruge, avec fa maifon pofée dans le
village de Sainte-Sigolène, de laquelle il pourra difpofer, tant à fa
mort que pendant fa vie, en toute propriété & jouiffance, le château & mandement de Maubourg & Chabrefpine, & l'argent que le

ſeigneur de Châteauneuf-Rochebonne à cauſe de la dot de Clauda de Châteauneuf, en ſon vivant femme de feu Guiot de La Tour, & du droit qu'elle avait ſur Vachères;

3° Jacques Malet, chez lequel fut paſſé le contrat de mariage, au château de Maubourg, veut, quand il s'ennuiera d'être ſeul, pouvoir aller habiter avec le jeune ménage au château de La Tour & y être bien reçu;

4° Pour le cas où le futur & deux de ſes frères déſignés ne laiſſe-raient que des filles, les biens doivent paſſer à celui qui ſurvivra des ſeigneurs de Vaudragon (1);

5° Jacques veut que les enfants qui naîtront du dit mariage por-tent le nom & les armes des Malet de La Tour (2).

2° *FAMILLE DE LA TOUR-MAUBOURG*

ARMES : *De gueules à la bande d'or, chargée d'une fouine d'azur.*

Les de Fay ont été ſeigneurs de Chapteuil, de Lardeyrol, de La-voûte, de Vertaiſon, de Solignac, de Vézenoble, de Gerlande, de Pey-raut, de la Chèze, de Saint-Quentin, de Coiſſe, barons, puis marquis de La Tour-Maubourg, de Sainte-Sigolène, de la Garde, de Cha-breſpine, de Saint-Maurice-de-Lignon, &c., &c., en Velay, Viva-rais, Languedoc, Auvergne & Poitou.

« Fay, dit La Roque, eſt un bourg ſitué en Vivarais, ſur les fron-tières du Velay. C'eſt aujourd'hui un chef-lieu de canton du dépar-

---

(1) Cette substitution fait présumer que les Latour de Vaudragon étaient une branche des Malet de La Tour, et on croit que les seigneurs de Vaudragon, en faveur de qui la substitution est faite, sont Louis de La Tour-Vaudragon, marié en 1469 avec Philippine de Laudin, et Antoine de La Tour-Vaudragon, qui vendit le Besset, près de Tence, en 1519.

(2) Vertot cite pour l'ordre de Malte, le 23 juillet 1639, un Jean de Fay de La Battie, mis au nombre des Fay de La Tour-Maubourg, qui portait : *Ecartelé aux 1 et 4 de Fay-Maubourg, aux 2 et 3 d'or au lion de sable, armé, lampassé et couronné de gueules.*

tement de la Haute-Loire. La famille de ce nom eſt connue par
filiation authentique depuis Pons de Fay, chevalier de Saint-Jean de
Jéruſalem en 1260. Elle exiſtait ſans nul doute avant cette époque.
Silvius de Fay, prieur de Chamalières vers 1260, devait appartenir
à cette maiſon. Les armes des de Fay ſont à la ſalle des croiſades ſous
le nom de Capdeuil, qui paraît être le nom primitif. Pierre & Pons
de Capdeuil, ou Chapteuil, prirent la croix en 1096. »

Cette famille, diviſée en pluſieurs branches dont les principales ont
été celles de Peyraut, de Gerlande, de La Tour-Maubourg, de Solignac & de Coiſſe, n'a pas ceſſé de tenir un rang élevé dans le Velay
& dans les provinces voiſines. Il en eſt ſorti pluſieurs dignitaires de
l'ordre de Malte, entre autres, deux grands prieurs d'Auvergne,
en 1294 & 1380; un grand bailli de la Morée, en 1459, tué dans
un combat contre les Turcs, en 1462; des chambellans de nos rois
depuis 1444; des capitaines de cinquante & cent hommes d'armes,
aux XVIᵉ & XVIIᵉ ſiècles; des chevaliers de l'ordre du Roi; un gouverneur de Montpellier, en 1540; un ſénéchal du Puy, en 1558;
un évêque de Poitiers, en 1568; un évêque d'Uzès, en 1614;
deux ſénéchaux de Nîmes & de Beaucaire, de 1589 à 1610; un
gouverneur de la haute Breſſe, en 1579; pluſieurs maréchaux de
camp; un maréchal de France; deux lieutenants généraux de premier mérite; pluſieurs ambaſſadeurs pour la France à l'étranger.

Le premier de Fay qui devint maître de Chabreſpine & de Maubourg, fut Chriſtophe de Fay de La Tour, fils de Jean de Fay, da-
moiſeau, ſeigneur de l'Herm & de Saint-Quentin, & de Charlotte
de La Tour. En faveur de ſon mariage, en 1527, avec Marguerite
de La Tour, Jacques Malet, ſeigneur de La Tour-Maubourg & Chabreſpine, lui donna ſes terres, à condition qu'il porterait le nom &
les armes de La Tour.

A partir de ce moment, on trouve parmi les alliances de cette maiſon les familles Dupeloux, de Roche-Chamblas, de la Motte-Va-
chères, de Dio-Montperoux, de la Vieuville, de Baile de Pouzols, de
Truchet de Chamberlhac, de Coiſſe, de Bonlieu du Mazel, de Motier de La Fayette, de Perron, de Tréviſe.

Juſte de La Tour-Maubourg, dernier eſpoir de cette noble &
illuſtre race, a été tué d'une balle pruſſienne dans la dernière guerre
que la France a eu à ſoutenir. Mademoiſelle Marie de La Tour-

Maubourg, mariée à M. de Kergorlay, d'une maiſon des plus diſtin-
guées de Bretagne, eſt morte jeune, ſans laiſſer d'enfant. *Noluit con-
ſolari quia non ſunt.*

Sources : Livre des Hommages aux évêques du Puy ; Inventaire des meubles et
titres de Jean-Hector de Fay ; La Roque, *Armorial du Languedoc* ; Cartulaire de
Chamalières, M. Fraisse, curé de Monistrol-sur-Loire.

BEAUDINER

(BELLUMPRANDIUM)

———

EAUDINER eft fitué dans la paroiffe de Saint-André-des-Effangeats, qui appartenait autrefois au Velay. Le château n'eft plus qu'une ruine, mais il eft encadré dans un fi merveilleux payfage qu'on ne faurait affez l'admirer. Placé fur les confins du Velay, à l'orient & fur les limites du Vivarais, il défendait ce côté de la province contre les incurfions des ennemis qui auraient voulu l'attaquer. Il exiftait dès le xie fiècle.

1° *FAMILLE DE BEAUDINER*

ARMES : *De..... au chef de..... chargé de trois fleurs de lis de.....*

Elle était d'origine vellavienne. On dit que c'eft la terre de Beaudiner qui lui a donné fon nom. Il ferait affez difficile de deviner la raifon de cette dénomination, qui doit être un motif gaftronomique. Toujours eft-il que le mot ne réfonne pas mal à l'oreille.

Je ne connais qu'une génération de cette maifon : Guillaume II, baron de Beaudiner, de Montregard, de la Chapelle, au diocèfe du Puy, de Cornillon, en Forez, &c., &c., marié à Béatrix de Jarez.

Les Beaudiner, qui furent les premiers poffeffeurs de la baronnie, la confervèrent jufque vers la fin du xiiie fiècle.

2° *FAMILLE DE POITIERS*

La propriété de cette baronnie fut portée à cette nouvelle maiſon, le 4 ſeptembre 1293, par le mariage de Luce de Beaudiner, fille de Guillaume II & de Béatrix de Jarez, avec meſſire Guillaume de Poitiers, dit Guillaumet, ſeigneur de Saint-Vallier & Tain.

« Après les dauphins de Viennois, dit Ducheſne, il n'y a point eu de ſeigneurs plus illuſtres, ni plus puiſſants dans tout le Dauphiné, que les comtes de Viennois et de Diois. On ne ſait guère d'où leur vint le nom de Poitiers qu'ils portèrent. On préſume qu'ils tiraient leur origine des anciens comtes de Poitiers & ducs de Guienne. »

Guillaume de Poitiers eut cinq enfants de Luce de Beaudiner : 1° Guillaume, ſeigneur de Chanéac, deuxième du nom, baron de Beaudiner & de Montregard; 2° Alix de Poitiers, femme d'Etienne de Viſſac, ſeigneur d'Arlenc; 3° Béatrix; 4° Florie, épouſe de Jean Pagan, ſeigneur de Meau; 5° Alixante, mariée à Marquis, ſeigneur de Canillac, chevalier.

3° *FAMILLE DE CRUSSOL*

Luce de Beaudiner ayant ſubſtitué Béatrix, ſa fille, à Guillaume de Poitiers, ſon aîné, en la baronnie de Beaudiner, Béatrix porta cette terre à la maiſon de Cruſſol, en épouſant Jean de Cruſſol, ſeigneur de Cruſſol & autres lieux.

« La maiſon de Cruſſol, liſons-nous dans l'*Armorial du Languedoc*, par La Roque, dont les premiers auteurs ont porté le nom de

Baſtet, eſt connue par filiation ſuivie depuis Geraud Baſtet, vivant en 1215. Elle a fait pluſieurs branches, dites des comtes d'Uzès, marquis de Florenſac, marquis de Saint-Sulpice, comtes d'Amboiſe & d'Aubijoux, marquis de Pontſalès, éteintes depuis peu d'années. La branche aînée, titrée ducs d'Uzès par lettres patentes, enregiſ-trées, eſt ſeule repréſentée aujourd'hui. Ses armes ſont à la ſalle des croiſades.

« Cette maiſon était une des plus conſidérables du Languedoc, par ſes poſſeſſions & ſes alliances. On trouve des lieutenants géné-raux, des chevaliers des ordres du Roi, preſque à chaque génération, dans les différentes branches de la maiſon de Cruſſol. »

Jean de Cruſſol, le premier de ſon nom à Beaudiner, était fils de Geraud & de Marguerite de Pagan. A dater de ſon mariage avec Béatrix, il ajouta à ſa qualité de ſieur de Cruſſol celle de baron de Beaudiner & de Cornillon. Ses deſcendants furent maîtres de Beau-diner juſque vers 1570.

4° *FAMILLE DE FAY*

Armes : *De gueules à la bande d'or, chargée d'une fouine d'azur.*

Je trouve au Livre des Hommages : « En 1628, hommage de demoiſelle Judith de Fay, comme héritière de noble Hector de Fay & de Baume, ſon frère, à meſſire Juſt de Serres, évêque du Puy, du château & mandement de Beaudiner. »

D'après La Roque, ainſi que nous le verrons plus bas, la famille de Romanet aurait acquis la baronnie en 1620. Si la date donnée par le généalogiſte eſt vraie, comment expliquer l'hommage qui eſt poſ-térieur de huit ans ! Le copiſte n'aurait-il pas mis, par inadvertance, 1628 pour 1618 ?

Si l'on ſuit les indications fournies par Arnaud, le dernier des de Cruſſol à Beaudiner aurait été Jacques de Cruſſol, qui ſerait reſté poſſeſſeur de la ſeigneurie baronniale de 1510 à 1567. De là à 1620, la famille de Fay peut parfaitement avoir été maîtreſſe de Beaudiner·

J'ajoute : 1° qu'à l'époque où l'on dit que l'hommage eut lieu, exiſtait Judith de Fay-Gerlande, qui devint fondatrice du monaſtère ciſtercien de Montfaucon ; 2° que la famille de Fay devait être alliée avec la ſuivante. Je trouve, en effet, en 1594, le mariage de Jacques de Fay avec N... de Coiſſe, &, en 1578 celui d'Antoine de Romanet avec Marie de Coiſſe. Ne peut-on pas préſumer que ces alliances amenèrent, à la ſuite de rapports de parenté, les Romanet à l'ac-quiſition de Beaudiner. Je n'ai pu éclaircir davantage cette queſtion.

5° *FAMILLE DE ROMANET*

ARMES (avant 1743) : *De gueules au lion léopardé d'argent ;* (après 1743) : *de gueules au lion léopardé d'argent en chef, & deux d'or adoſſés en pointe, qui eſt de Létrange.*

Originaire du Vivarais & citée dès le milieu du xvᵉ ſiècle, elle hérita, en 1743, des biens & titres de la maiſon de Leſtrange, par le mariage de Charles-Antoine de Romanet & de Catherine de Leſ-trange, avec la clauſe que le baron de Beaudiner porterait le nom & les armes de Leſtrange. A partir de cette époque, les armes furent modifiées, & on ajouta au nom de Romanet celui de Leſtrange.

Alliances : de Beaulieu, de Fornas, Devaux, de Coiſſe, de Paſcal de Corbières, de Challaye de Paillarès, de Tournon, de Leſtrange, de Châtillon, de la Fayolle de Mars, de Merle du Bourg, de Ferrus, de Plantigny.

La baronnie de Beaudiner fut achetée, en 1620, par Jean de Ro-manet, fils d'Antoine de Romanet & de Marie de Coiſſe. Le nou-veau maître était marié depuis 1619 avec Catherine Grajean. Il fut maintenu dans ſa nobleſſe par jugement ſouverain du 27 mars 1670. Il laiſſa ſa baronnie à ſon fils, Charles de Romanet, qui ſe maria, en 1656, avec Suzanne de Paſcal de Corbières.

Le dernier de ce nom à Beaudiner fut Louis-Charles-Céſar de Romanet, baron de Beaudiner, marquis de Leſtrange, maréchal de camp des armées du Roi.

La famille Romanet de Leſtrange eſt repréſentée aujourd'hui par

M. le marquis de Leftrange, qui habite fon château de la Faurie, paroiffe de Saint-Alban-d'Ay, & par M. René de Mars, domicilié à Joux près de Tence, & mademoifelle fa fœur, mariée à M. de Bélot, qui habite le château de l'Alleu (Loir-&-Cher). La famille de Mars tient aux Romanet par demoifelle Louife de Romanet de Leftrange, mère de M. René & de fa fœur.

Sources : Livre des Hommages aux évêques du Puy ; La Roque, *Armorial du Languedoc* ; La Tour-Varan, *Chronique des abbayes et des châteaux* ; Duchesne ; Arnaud, *Histoire du Velay.*

LE VILLARD

E VILLARD, fiège de la baronnie, était fitué dans la commune de Sainte-Sigolène. Le château n'avait rien de ce que l'on voit dans la plupart des manoirs des grands feigneurs; il n'y avait ni fommets arides, ni roches efcarpées, ni fentiers abrupts, ni double ou triple enceinte, ni mâchicoulis, ni meurtrières, &c., &c.; une éminence à peine accufée fervait de bafe à plufieurs corps de logis, flanqués de quatre tours, deux au midi, une au couchant & une groffe tour carrée à l'entrée, du côté du levant.

« L'antique manoir, dit l'abbé Arfac, s'eft aujourd'hui transformé en un château moderne qui n'a prefque rien gardé de l'ancienne conftruction. »

1° *FAMILLE ROIRAND OU ROYRAUD*

ARMES : *D'azur à la croix d'argent, chargée de trois coquilles de gueules.*

Le Livre des Hommages & l'abbé Arfac écrivent Royraud; La Roque & des titres manufcrits difent Roirand.

Cette maifon poffédait le Villard dès le XIIIᵉ fiècle. En 1290, il y eut hommage par Guillaume Roirand, chevalier, à meffire Guy de Neuville, évêque du Puy, de la moitié du lieu & appartenances du Villard, qu'il tenait par indivis. Dans les hommages fubféquents &

qui fe prolongent jufqu'en 1383, il n'eft jamais queftion du château du Villard : d'où l'on peut préfumer qu'il n'en exiftait point jufqu'à la fin du XIVᵉ fiècle.

Elle eut des alliances avec les familles de la Roue, de Fay de La Tour-Maubourg, de Pieyres, de la Gruterie, de Chevriers, de Trémolles, de Vogué, de Chavagnac.

Le dernier de ce nom au Villard fut Jacques de Roirand, époux de Marguerite de Pieyres, maintenu dans fa nobleffe par jugement fouverain, le 8 mai 1669, mort avant 1680.

2° *FAMILLE DE LA GRUTERIE*

ARMES : *D'azur au lévrier d'argent paffant, accompagné de trois fleurs de lis d'or.*

Cette famille, connue auffi fous le nom de Maifonfeule, était originaire du Haut-Vivarais. Elle s'allia avec les maifons de Barjac, de Sahune, de Truchet de Chamberlhac, de Bayle, de La Tour-Gouvernet & de Roirand.

Ce fut la fille aînée de Jacques de Roirand & de Marguerite de Pieyres, du nom de Claudine, qui, ayant été établie héritière de fon père, porta le Villard à cette nouvelle famille par fon mariage avec Claude de Maifonfeule, en 1644. Claude, pourtant, ne fiégea point aux Etats du Velay, étant mort en 1676, quatre ans avant fon beau-père, & celui-ci ayant exercé fes droits de baron jufqu'à fon décès, arrivé en 1680.

La Roque dit Claude de la Gruterie chevalier, baron de Maifonfeule & de la Châtre. Il eut de fa femme huit enfants, parmi lefquels Antoine-Marie, chevalier de Malte avec difpenfe d'âge, en 1663. Ce dernier poffléda la baronnie du Villard de 1686 à 1730, après la mort de fa mère qui l'en avait inftitué héritier, & qui en avait gardé la propriété depuis la mort de fon père.

Les huit enfants de Claude furent maintenus dans leur nobleffe, avec leur oncle René, commandeur de Malte, par jugement fouverain du 16 janvier 1669.

3° *FAMILLE DE CHEVRIERS*

ARMES : *D'argent à trois chevrons de gueules, à la bordure engrêlée d'azur.*

« Famille noble & ancienne, dit Moréri, dans le Mâconnais; fe croit iffue des comtes de Mâcon. » L'auteur cité donne fa généalogie à partir du XIIᵉ fiècle.

Alliances : de Feurs, de Talaru, d'Albon, de Bletterans, de Mince, de Lagru, de Tarlet, de Nagu, de Seyturier, de Damas, de Grolier, de Saligny.

Alexandre-Philibert de Chevriers avait époufé, vers la fin du XVIIᵉ fiècle, Jeanne de la Gruterie, fœur d'Antoine-Marie & de Claudine, dont il vient d'être parlé. Il dut écarteler fes armes avec celles des Maifonfeule & porter :

Ecartelé aux 1 & 4 de Chevriers, aux 2 & 3 de Maifonfeule.

Alexandre-Philibert était fils de François & de Claudine de Varennes. Il fervit dans le régiment de Mercœur.

Claude-Jofeph de Chevriers, fils de Philibert & de Jeanne, fut reçu aux Etats du Velay en 1735. Arnaud, qui conftate cette admiffion, l'appelle marquis de *Chevrières*, ce qui eft une erreur de nom. La baronnie lui était échue par fuite de la mort de fa tante Claudine, & il en fut maître jufqu'en 1742.

4° *FAMILLE DE DAMAS*

ARMES : *D'or à la croix ancrée de gueules.*

Laifné dit que tous les auteurs qui ont écrit fur les principales familles de France ont confidéré la maifon de Damas comme l'une des plus anciennes & des plus nobles du royaume. Elle a eu un grand nombre de branches, toutes diftinguées, foit par leurs alliances, foit par les emplois remplis par certains membres de chacune d'elles. L'auteur s'étend longuement fur cette maifon.

Anne de Maifonfeule, autre fille de Claude & de Claudine de Roirand, s'était mariée à M. de Trémolles. De ce mariage naquit Marguerite de Trémolles, qui époufa Jofeph-Roger de Damas. Celui-ci appartenait à la branche du Rouffet, dont le premier fut Georges de Damas de Sugny, deuxième du nom. Il était fils de Claude de Damas, troifième du nom, comte du Rouffet, & de Marguerite-Louife de Fondras, & fe titrait vicomte de Lavieu, baron de Villard, feigneur de Marillac, du Rouffet, &c., &c. Il était lieutenant des vaiffeaux du Roi, chevalier de l'Ordre royal & militaire de Saint-Louis.

Des arrangements de famille étant intervenus entre Jofeph-Roger & le feigneur de Chevriers, ce dernier céda au fire de Damas, pour tout ce qui lui était dû, la baronnie du Villard avec les feigneuries de Rouveyrolles & de Boucherolles. Le nouveau baron fut admis à prendre rang & féance aux Etats du Velay, en 1746.

Il n'y eut de cette famille que deux générations au Villard. Claude-Marie, comte de Damas, fils des précédents, céda la baronnie, en 1781, à M. Jacques Dugas, originaire de Saint-Chamond, dont les defcendants poffèdent encore le Villard.

Sources : Livre des Hommages aux évêques du Puy ; Arnaud, *Hiftoire du Velay* ; l'abbé Arsac, *Baronnie du Villard* ; La Roque, *Armorial du Languedoc* ; Laisné ; Moréri.

SAUSSAC

A montagne fur laquelle était conftruit le caftel fei-
gneurial, porte encore fon nom. On la laiffe fur fa
gauche, en allant d'Yffingeaux au Pertuis, avant d'ar-
river au ruiffeau de Beffamorel. Depuis longtemps il
ne refte rien de ce manoir; les barons le délaiffèrent
de bonne heure pour aller fixer leur réfidence à Vertamife, fur les
bords du Lignon, dans un fite plus pittorefque, dans un climat plus
tempéré.

1º *FAMILLE DE SAUSSAC*

Armes : *D'or au lion de fable, armé, lampaffé & couronné d'or.*

D'après les notes du docteur Charreyre, cette famille eft connue
depuis la première moitié du xıᵉ fiècle. Le premier dont on fait le
prénom eft Guillaume de Sauffac, époux d'Adalguarde & père de
Guidon & d'Avit, qui vivaient en 1027. Cinquante-deux ans plus
tard, Raymond de Sauffac fondait une chapelle à fon château de
Sauffac & partait pour la croifade en 1095. Le Livre des Hommages
cite trois générations, à partir de 1285 à 1339 : Joufferand, Hugon
& autre Joufferand qui font hommage à l'évêque du Puy du château
de Sauffac & de tout ce qui leur appartient dans les environs.

Le docteur Charreyre cite parmi les principales alliances de cette
maifon, les de Blaffac, de Fay, de Chandorat, de Lavieu, de Leyre.

Maîtreffe de Sauffac dès les premiers temps de la féodalité, elle poſſéda cette baronnie, ſans interruption, juſqu'au commencement du XVIIᵉ ſiècle, pendant plus de ſix cents ans, ce qui eſt ſans exemple pour les premières maiſons des autres ſeigneuries baronniales. Elle était connue auſſi ſous le nom des *Holières.*

2° *FAMILLE DE FAY-GERLANDE*

ARMES : *De gueules, à la bande d'or, chargée d'une fouine d'azur.*

Le premier de Fay qui devint ſeigneur de Gerlande, fut Artaud de Fay, chevalier, coſeigneur de Saint-Quentin, chambellan du Roi par brevet du 18 juillet 1444, maître d'hôtel de Monſieur le Dauphin en 1451, puis du Roi en 1461. Le fief de Gerlande lui vint par ſon mariage avec Blanche de Gerlande, fille de Pons de Gerlande.

Ce fut le petit-fils des précédents, Chriſtophe de Fay-Gerlande, maître d'hôtel du duc d'Anjou, fils de Renaud ou Arnaud de Fay & de Diane d'Adhémar de Monteil de Grignan, qui devint baron de Sauſſac par le mariage qu'il contraêta avec Guione de Sauſſac, en 1546. La baronnie n'échut pourtant d'une manière définitive à cette nouvelle maiſon, qu'en 1594, après la mort de Richard-Melchior, frère de Guione.

Parmi les alliances de cette famille, La Roque cite les maiſons d'Adhémar de Monteil de Grignan, Dupelous-Gourdan, de Baume-Suze, de Grolée de Viriville-Montbreton, de Séneêtère.

Les Fay de Gerlande poſſédèrent la baronnie de Sauſſac pendant l'eſpace de cent trente à cent quarante ans, de 1594 à 1731.

3° *FAMILLE DE BÉJET*

ARMES : *D'azur au dauphin courbé d'argent, accompagné de trois étoiles d'argent, 2 & 1.*

M. Julien de Beſſy, qui donne ces armes, fait connaître cette famille depuis les premières années du XIVᵉ ſiècle. Il cite noble Nicolas Béjet, natif des environs d'Allanche, en Haute-Auvergne,

qui épouſa, en 1319, Guigone ſe Monteil, paroiſſe de Moniſtrol, en
Velay, fille unique, héritière de ſa maiſon. C'eſt par là que la
famille de Béjet s'établit à Moniſtrol-ſur-Loire.

Le généalogiſte ſuſdit cite, parmi les alliances des de Béjet, les
familles Deſchamps, Védelly, de Broé de Tournon, de Chazelets,
de la Rochette, des Moulins, de Charbonnel, de Boyer, de Laroque,
de Saignard, de Vertamy, Jouve de Praneuf, de Leyris-d'Eſponchet,
de Paſtourel, de Julien de Villeneuve, de Pauche.

Marcellin de Béjet, ſeigneur de Flachat, ſuccéda au marquis de
Gerlande dans la baronnie de Sauſſac & de Vertamiſe, par l'achat
qu'il en fit au mois de ſeptembre 1731. L'année ſuivante, l'Aſſemblée
des Etats, tenue au Puy dans le courant du mois d'avril, fit exa-
miner par des commiſſaires le titre de propriété de cette baronnie
& les titres de nobleſſe du nouveau baron, & il fut conclu à ſon
admiſſion.

Marcellin de Béjet devait être fils d'Armand de Béjet & de Marguerite de Jouve de Praneuf, dont le mariage avait été conclu vers
les dernières années du XVIIᵉ ſiècle. Julien de Beſſy ne le cite pas &
ne parle pas non plus d'une fille iſſue de cette union, ni de deux
autres filles du ſecond mariage d'Armand avec Françoiſe de Leyris-
d'Eſponchet, dont l'une, Marie-Louiſe, mariée à François de Charbonnel du Bets, & l'autre, Marguerite, épouſe de Claude-Marcellin
de Julien de Villeneuve.

4° FAMILLE DE PAUCHE

ARMES : *D'azur à une bande d'argent, chargée de trois mouchetures*
d'hermines.

Les repréſentants de cette famille ſe titraient ſeigneurs de Cordes,
terre ſituée près de Bains, en Velay. Elle était alliée aux de Béjet,
de Feugerolles, de Vertamy, de Saignard du Vernet, de Cuminiac.
Arnaud cite Claude-Alphonſe de Pauche, juge pour le Roi en la
Cour commune du Puy, premier conſul de cette ville vers 1644. Il

cite encore Claude de Pauche, ſieur de Cordes, & Jean-Nicolas de Pauche (t. II, pp. 220, 269).

D'après M. Julien de Beſſy, ce dernier ſe ferait marié, en 1702, à Louiſe de Béjet, fille de Marcellin & de Louiſe Saignard de Quey-rières, & ſœur de Marcellin de Béjet, doyen de l'égliſe cathédrale du Puy.

Marcellin de Béjet, baron de Sauſſac, marié, à une époque que j'ignore, à Marie-Gabrielle de Pauche, fille de Jean-Nicolas & de Louiſe de Béjet, laiſſa à ſa mort, arrivée en 1766, ſa baronnie de Sauſſac à ſa veuve, qui la garda juſqu'en 1781 (15 mars), époque de ſa mort. Par ſon teſtament en date du 16 juillet 1771, elle avait établi pour ſon héritier univerſel ſon beau-frère, Armand de Béjet, doyen de la cathédrale du Puy, qui en fut maître pendant quelque temps, du 15 mars 1781 juſqu'au 9 août 1782. A cette dernière époque, il la vendit à ſon neveu, meſſire Jean-Baptiſte de Charbonnel du Bets, chevalier, capitaine de dragons, fils de François de Charbon-nel du Bets & de demoiſelle Marie-Louiſe de Béjet.

5° *FAMILLE DE CHARBONNEL*

ARMES : *D'azur au croiſſant d'argent, accompagné de trois étoiles d'or, 2 & 1.* — Ou : *d'azur à trois étoiles d'or, au croiſſant d'argent en abîme.* — Deviſe : « *In corde decus & honor.* »

Dans ſon *Armorial général*, J.-B. Rietſtap donne la même deviſe, mais pas les mêmes armes : *D'azur au croiſſant d'argent, accompagné de trois molettes d'or.*

Originaire du Velay, cette famille a eu pour principales maiſons alliées : les de Montaigu-Fondras, du Terrail de Fraix, d'Alès, de Baile, de Bronac, de Pradier d'Agrain, de Chabron, du Cluzel, de Jourda de Vaux, de Chamflour, du Cheylas.

Pierre de Charbonnel, en 1020, fut préſent à une donation faite par Bernard, ſeigneur d'Anduze, à la cathédrale de Nimes. — Pons de Charbonnel, en 1029, eſt témoin à un accord entre les abbés

d'Aviane & de Saint-Guilhem. — Guy de Charb... figurait à la première croiſade. — Un Charbonnel était chevalier de Saint-Jean
de Jéruſalem. — Pluſieurs ont été comtes de Brioude.

Depuis le milieu du xviiie ſiècle juſqu'à nos jours, il y a eu de
cette famille des chevaliers de Saint-Louis, des maires de Moniſtrol,
un chef d'eſcadron, un député, mort en combattant l'inſurrection
de 1848, un archevêque, qui vit encore & que les honneurs ecclé-
ſiaſtiques ſont allés chercher, quoiqu'il fût revêtu du froc de capucin.

Au milieu du xviie ſiècle, la maiſon de Charbonnel s'était diviſée
en deux branches : celle du Bets & celle de Juſſac (1).

SOURCES : M. le docteur Charreyre ; La Roque ; M. Julien de Bessy ; Arnaud ;
Armorial général.

(1) Le château habité par la famille de Charbonnel appartient aujourd'hui à
M. Alphonse Neyron, qui l'embellit chaque jour et en fait une habitation des
plus agréables.

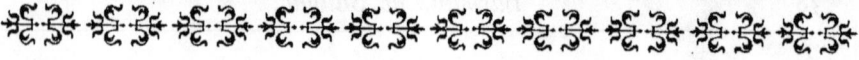

LA BROSSE

'EST à environ quatre kilomètres de Tence que se trouve la Brosse. Le vieux manoir est enveloppé par un petit village, comme étaient presque toutes les habitations féodales. Il est flanqué de gracieuses tourelles, s'élève à l'aspect du midi, dans un site très pittoresque, & se présente encore dans un assez bon état de conservation.

1° *FAMILLE DE LA BROSSE (DE BROSSIA)*

Armes : (Inconnues.)

On présume que c'est à cette maison, la première à la Brosse, qu'il faut rattacher Raymond de la Brosse, fils à Seguin de la Brosse, chevalier, qui, avec sa femme Agnès, fait hommage, en 1285, de plusieurs tènements qu'il possède à Varennes & au Chambon.

2° *FAMILLE DE MALET*

Armes : *(Les mêmes que pour Chabrespine & Maubourg.)*

Imbert de la Garde est mentionné au répertoire des hommages de 128... à 1303. En 1305, il transige avec l'évêque du Puy, au sujet de la justice, & le dit Imbert fait hommage au dit seigneur évêque du château, tour, fortereſſe de la Broſſe, des villages de Monteillet & de Verſilhac.

Or, M. Fraiſſe, curé de Moniſtrol, croit que cet Imbert appartenait à la famille de Malet, qui était maîtreſſe de Chabreſpine, ſe titrait de la Garde, d'un fief de ce nom, & poſſédait pareillement la Broſſe.

3° *FAMILLE DE VISSAC*

ARMES : *De gueules à trois pals d'hermine.*

Maiſon d'ancienne chevalerie, connue depuis Pierre de Viſſac, chanoine comte de Brioude en 1161, a donné un chancelier de France en 1338, un évêque de Saint-Flour en 1384, neuf chanoines comtes, & s'eſt alliée avec les maiſons les plus conſidérables du pays.

Bouillet cite Silvain de Viſſac, ſieur de la Broſſe, père de Marguerite ou Maragde de Viſſac, mariée à Armand de Rochebaron-Uſſon. Il ne donne pas ſa filiation, mais le fait vivre dans la deuxième moitié du XIIIᵉ ſiècle. En 1319, il y eut hommage de la Broſſe à l'évêque du Puy par Silvion ou Silvain, ſeigneur du dit lieu.

M. Fraiſſe penſe encore qu'il s'agit ici de la famille Malet. Il cite un hommage aux évêques du Puy, en 1343, par Silvion, ſeigneur de la Broſſe, &, en 1362, un autre hommage en fief franc par noble dame Béatrix, héritière de Silvion Malet de la Broſſe, d'un four, de maiſons & de tout ce qu'elle avait à Moniſtrol & dans ce mandement.

4° *FAMILLE DE ROCHEBARON-USSON*

ARMES : *De gueules à une porte d'or.*

Toujours au rapport du même auteur, un Rochebaron de Bas aurait épouſé une demoiſelle d'Uſſon, dans la deuxième moitié du XIIᵉ ſiècle, & de là la branche de cette maiſon, connue ſous le nom de Rochebaron-Uſſon. Le premier de cette branche aurait été Gui-

gues, fils de Pons de Rochebaron & de Gotolende, dame & douairière de Rochebaron vers 1170. Au dire encore de M. Fraiffe,
Gotolende aurait été fille de Dalmace de Baffie, feigneur d'Uffon
& de Beauzac.

Les Rochebaron-Uffon, déjà maîtres d'Uffon & de Beauzac,
feraient entrés en poffeffion de la Broffe par le mariage de Briand
ou Guillaume avec Maragde de Viffac, fille de Silvion de Viffac, baron de la Broffe, dans la première moitié du xive fiècle.

5° *FAMILLE DE SÉMUR*

ARMES : *D'argent à trois bandes de gueules.*

Cette maifon tire fon origine, d'après certains auteurs, des anciens
rois de Bourgogne; d'après d'autres, de Guillaume, duc d'Aqui-
taine, fondateur ou reftaurateur de l'abbaye de Cluny, en 909.

Alliances : Nevers, Vernay, Villars La Faye, Sereys, Damas,
Jacquet, Gorrevod.

Ce fut Pierre de Sémur qui fut le premier & le dernier de fon
nom à la Broffe, dont il devint maître en époufant Béatrix de Rochebaron-Uffon. Il n'y eut de ce mariage qu'une feule fille, qui tranfporta les feigneuries de Beauzac & de la Broffe à la maifon fuivante.

6°. *FAMILLE DE LAVIEU*

ARMES : *D'or à la bande engrêlée de fable.*

« Cette famille, dit le docteur Charreyre, *Tablettes hiftoriques du
Velay* (tome VII), effentiellement forézienne & mentionnée de très
bonne heure, fe divifa en plufieurs branches. Des perfonnages mar-
quants, dans l'Églife furtout, avaient illuftré cette race; elle avait
donné un archevêque à Vienne, des prieurs à Montverdun, à Ran-
dan, à Saint-Germain-le-Puy, des abbeffes à Belleçombe. »

Le château de Roche-la-Molière était le ſéjour habituel du rameau qui vint s'implanter en Velay. Jean de Lavieu-Poncins, à qui
échurent Beauzac & la Broſſe, était fils de Héraud de Sénecterre &
de Catherine de Lavieu, fille de Brilland de Lavieu. Son épouſe fut
Eliſe de Sémur. On ne ſait pourquoi il adopta le nom & les armes de
ſa mère. Poſſeſſionnée à la Broſſe au commencement du xvᵉ ſiècle,
cette famille en était encore maîtreſſe en 1479.

7° *FAMILLE DE SAINT-GERMAIN-D'APCHON*

ARMES : *D'or ſemé de fleurs de lis d'azur.*

C'était la famille de Saint-Germain-Laval, dont Jean-Marie de la
Mure dit qu'elle était fort ancienne &. extrêmement noble. Elle
acquit la Broſſe vers 1480, par le mariage de Artaud VI de Saint-
Germain avec Marguerite de Lavieu, fille de Claude de Lavieu,
ſeigneur de Poncins & des Fernanches, en Forez, de la Broſſe, en
Velay, & en partie des châteaux d'Aroy & de Saint-Chriſtophe, en
Bourgogne, & de Catherine d'Albon.

Leur fils, Artaud VII, époux de Marguerite d'Albon, reçut en ſe
mariant, de ſon oncle Aymé de Saint-Germain, dit d'Apchon, la
terre d'Apchon, en Auvergne, à condition qu'il en prendrait le nom
& les armes. En exécution de cette volonté, formellement expri-
mée, Artaud s'appela Artaud de Saint-Germain-d'Apchon & prit
les armes que jai données. Sa famille portait, d'après don Eſtiénot :
de gueules à une faſce d'argent, accompagnée de ſix colombes en rang, d'ar-
gent, trois en chef & trois en pointe.

Les alliances de la maiſon de Saint-Germain ont été avec les familles Vert, de la Chaſſaigne, de Lavieu, d'Albon de Saint-André, de
la Jaille, de Châtillon de Beauveau, de Vendômois, d'Eſtaing, d'Eſpinchal, de Sénecterre, de Saulx-Tavannes, de Chabannes, &c., &c.

Ce fut Artaud VII qui vendit, vers 1530, la baronnie de la Broſſe
à noble Jacques de Clermont-Chaſte.

8° *FAMILLE DE CLERMONT-CHASTE*

ARMES : *De gueules à deux clefs d'argent en ſautoir, ſurmontées d'un écuſſon d'azur à la fleur de lis d'or.*

Branche de l'illuſtre maiſon de Clermont-Tonnerre, ſéparée de ſa tige vers la fin du xiie ſiècle; elle a tenu un rang fort diſtingué, ſoit à la cour des dauphins de Viennois, ſoit à celle des rois de France. Le rameau qui vint à la Broſſe n'a pas produit moins de ſix baillis, ſénéchaux du Velay, autant d'abbeſſes au monaſtère de Clavas, un vice-amiral, gouverneur de Dieppe, puis ambaſſadeur du Roi en Angleterre, un conſeiller d'État, pluſieurs maréchaux de camp.

Jacques de Clermont-Chaſte, qui acquit la Broſſe, était gentil-homme de la maiſon du Roi. Il laiſſa de Paule de Joyeuſe pluſieurs fils qui s'illuſtrèrent dans la carrière des armes.

Cette maiſon poſſéda la baronnie juſqu'en 1752, époque où haute & puiſſante dame Marie-Charlotte de Clermont-Chaſte, comteſſe de Rouſſillon, dame de Charpey, Marche & Lépine, en Dauphiné, la Broſſe, Lapte & Fay, en Velay, donna ſa main, ſes biens & ſes droits de ſiéger aux Etats du Velay, à très haut & très puiſſant ſeigneur Marie-Louis de Caillebot.

9° *FAMILLE DE CAILLEBOT*

ARMES : *D'or à ſix annelets de gueules, 3, 2, 1.*

Lacheſnaye-Desbois fait remonter cette famille juſqu'à René de Caillebot, écuyer, ſeigneur du Meſnil-Thomas, qui vivait en 1454. La terre de Champſonels, en Normandie, fut érigée en marquiſat, en 1673, en faveur de Louis de Caillebot, capitaine des gendarmes de la garde, lieutenant général des armées du Roi.

Alliances : de Montbéliard, de Montpinſon, de Gillain, de Mareuil, de Clermont-Chaſte, &c., &c.

Le nouveau maître de la Broſſe ſe titrait marquis de Caillebot, la Salle, & de la Haye du Puits les Baſſe-Normandie, ſeigneur & patron de Viville-la-Martel en Caux. Il était chevalier des ordres du Roi, lieutenant général de ſes armées, gouverneur de la province de la Marche, commandant en chef de la province d'Alſace, en l'abſence du maréchal de Contades, ſénéchal du Velay, de 1752 à 1789.

SOURCES : Le docteur Charreyre, *Tablettes historiques du Velay* (t. VII); Bouillet, *Nobiliaire d'Auvergne*; La Roque, *Armorial du Languedoc*; M. Fraisse, curé de Monistrol-sur-Loire, Notes fournies; Livre des Hommages aux évêques du Puy; Lachesnaye-Desbois et Badier; Beaune et d'Armaumont, *la Noblesse aux États de Bourgogne.*

QUEYRIÈRES

UEYRIÈRES, baronnie diocéfaine, dit Mandet, n'a plus de fouvenir que dans l'hiftoire. C'eft à côté du village qui en a pris & qui en a confervé le nom, qu'on voit encore les derniers veftiges de fon château, hiffé, au rapport de Malègue, fur une butte bafaltique remarquable.

1° *FAMILLE DE POITIERS*

ARMES : *D'azur à fix befants d'argent pofés, 3, 2, 1, au chef d'or.*

C'eft la même famille que celle poffeffionnée à Beaudiner, & ce font les mêmes armes. En 1229, dame Philippe, comteffe de Valentinois, fait hommage à meffire Etienne, évêque du Puy, du château & appartenances de Queyrières. Le 1er mai 1276, Adhémar de Poitiers, comte de Valentinois, rend & relâche à Guillaume, évêque du Puy, pour droit de feigneurie, les châteaux de Fay & de Queyrières, avec leurs mandements & tout ce qu'il tient de l'évêque en fief. Le Livre des Hommages cite d'autres reconnaiffances de divers membres de la même famille à différents évêques du Velay, jufqu'en 1315, époque où le dernier hommage a pour auteur Luce, femme de puiffant Guillaume, comte de Poitiers, & fondatrice du monaftère de Chazeaux, près Firminy (Loire).

2° *FAMILLE DE CRUSSOL*

Armes : *Fafcé d'or & de finople, qui eft de Cruffol; écartelé d'azur à trois bandes d'or, qui eft d'Uzès.*

Même famille que celle dont il a été queftion à propos de Beau-diner. Le premier hommage de cette maifon pour Queyrières eft en date de 1340, & fut rendu par Geraud Baftet, feigneur de Cruffol & héritier de Guillaumette de Poitiers. Le dernier hommage rap-porté dans le répertoire eft de 1364.

3° *FAMILLE DE VERGÉZAC*

Armes : *D'azur à trois befants d'or, 2 & 1.*

En 1451, Pierre de Vergézac, feigneur de Queyrières, fe recon-naît redevable au couvent des Frères Prêcheurs du Puy, d'une rente annuelle de trente fous.

Le lieu de Vergézac, qui a donné fon nom à cette famille, eft fitué fur l'extrême limite de l'Auvergne & du Velay, à trois lieues du Puy. Bouillet cite, entre autres, Béatrix de Vergézac, religieufe aux Chazes, en 1401, & Pierre de Vergézac, qui fut fait chevalier par Charles, dauphin, régent du royaume, étant au Puy en 1420, pour s'être fignalé contre les Bourguignons, qui avaient envahi le pays. Ce Pierre de Vergézac était le même que celui dont nous avons cité l'hommage. On ne fait comment il entra en poffeffion de Quey-rières.

4° *FAMILLE DE ROSSEL*

Armes : (Inconnues.)

Sans favoir comment il devint maître de la baronnie, je trouve noble Louis Roffel en poffeffion de Queyrières vers le milieu du xvi⁰ fiècle. En 1533 & le 27 janvier, noble Louis Roffel, feigneur de Queyrières, fonde des meffes hautes & baffes qui doivent être célébrées dans la chapelle qu'il a dans la chapelle des Jacobins & qui eft celle de onze mille vierges.

Cette famille, inconnue aux généalogiftes, était originaire du Velay. En 1388, Jean Roffel était conful de la ville du Puy. En 1420 (16 mai), parmi les chevaliers créés par Charles VII, figure Pierre Roffel.

5° *FAMILLE DU MAZEL*

ARMES : (Inconnues.)

Noble Louis Roffel ne dut pas vivre longtemps après fa fonda-tion, & il paraît qu'il ne laiffa pas d'enfants. Queyrières était au pouvoir de la maifon du Mazel, deux ans plus tard. Le 26 octo-bre 1535, noble Antoine ou Annet du Mazel, feigneur de Quey-rières, héritier & neveu de Louis Roffel, reconnaît les fondations faites par fon oncle.

La famille Blainier, qu'on ne connaît guère, était maîtreffe du Mazel de Tence au commencement du xvi⁰ fiècle, & fe titrait : du Mazel. Il eft plus que probable, vu la proximité des lieux, que noble Antoine était membre de cette famille. — En 1540, Charles de Bonlieu, fils de Guillaume, fieur de Greuffe, & de Marguerite Blainier du Mazel, fe titrait feigneur du Mazel.

6° *FAMILLE DU BESSET*

Vers la fin du xvi⁰ fiècle, la baronnie de Queyrières fe trouvait au pouvoir de Claire de Beffet. Ce point eft catégoriquement affirmé. La queftion devient difficile quand il s'agit de favoir ce qu'était la famille *de Beffet*. Deux opinions font émifes.

M. Fraiffe croit que Claire de Beffet appartenait à la famille Pichon de Chazeaux, & qu'elle était fille de Bertrand de Chazeaux

& de Miracle de Rieu. Dans cette hypothèfe, elle aurait eu pour armes : *de gueules à une bande d'or & une colombe d'argent paffante, furmontée de trois étoiles d'or.*

Pour mon compte, je croirais plutôt que cette famille de Beffet n'était pas autre que celle de Rochemure. Dans la généalogie ma-nufcrite des diverfes familles de la Roue, que j'ai citée pour Du-nières, je trouve Godefroy de la Roue, feigneur d'Oriol, & en partie de la Chaux, décédé après 1510, ayant été marié, en juin 1467, à Denyfe de Rochemure, deuxième fille d'Achille de Rochemure, feigneur de Queyrières, dont vint Marie de la Roue, qui époufa, en 1493, noble Juft de Fay, feigneur de Ratel.

D'après Bouillet, la famille de Rochemure devint maîtreffe de la feigneurie de Beffet, fituée dans la commune de la Beffeyre-Saint-Mary, & Jean de Rochemure, fieur du Beffet, fut compris en l'Ar-morial, en 1450. Le même auteur cite, pour 1510, Louis de Roche-mure, baron du Beffet. Claire de Beffet n'était-elle pas fille de Louis de Rochemure ? Cette origine me paraît plus probable. Cette famille, au refte, n'était pas étrangère à nos contrées; M. Fraiffe cite, aux *Tablettes hiftoriques du Velay,* un Marc de Beaumont-Rochemure, fei-gneur de Lignon, vers les premières années du XVIIᵉ fiècle. Celui-ci avait pour armes : *d'argent à trois chevrons d'azur.*

Celles des Rochemure de la Beffeyre-Saint-Mary ne différaient des précédentes que par l'abfence des chevrons. C'étaient les mêmes couleurs : *bandé d'argent & d'azur.*

Quoi qu'il en foit, ce fut vers 1550 que Claire époufa Claude de Luzy, feigneur de Péliffac. Elle eft donnée par Arnaud comme feule maîtreffe de la baronnie en 1604, après la mort de fon mari, arrivée cette année-là même.

7° FAMILLE DE LUZY

Armes : *D'or à la fafce échiquetée d'argent & de gueules, parti de gueules au chevron d'argent, accompagné de trois étoiles d'argent.*

La famille de Luzy eft originaire des confins du Velay & du Forez. Elle poffédait très anciennement la feigneurie de Péliffac. Le premier cité par La Roque eſt Jourdan de Luzy, qui vivait au commencement du xvᵉ ſiècle.

On la trouve alliée avec les maiſons de Florit, de Vergézac, de Tournon, de Beſſet, de Baronnat, de Potrieu, de Dodun, de Moucheron, &c., &c.

François de Luzy .de Péliſſac, baron de Queyrières, ſeigneur de Péliſſac & Villierma, fils des précédents, leva une compagnie de chevau-légers pour le ſervice du Roi contre les Ligueurs & commanda à Tence, en 1591. Il avait été maintenu dans ſa nobleſſe par jugement ſouverain du 2 janvier 1669.

Claude de Luzy, fils de François & de Françoiſe de Baronnat, fut le dernier de ſon nom à Queyrières.

8º *FAMILLE DE SAIGNARD*

Armes : *D'azur au ſautoir d'argent.*

Depuis la maintenue de M. de Bezons, cette maiſon s'eſt diviſée en pluſieurs branches, dites de Choumouroux, de Saſſelange & de la Freſſange, qui remontent leur filiation authentique à Antoine de Saignard, époux de Jeanne de Saint-Laurent, & qui teſta en 1533.

Alliances : de Saint-Laurent, de Chapat, de Langon, de Crémeaux, de Desbots, de la Rivoire, de Vertamy, Allier de la Freſſange, de Choumouroux, de la Baſtie, Colonna d'Ornano, du Crozet, de Laroque, du Favet de Montagier, d'Allemance, de Rivière, du Peloux de Saint-Romain, de Roſely-Meſros, &c.

Ce fut vers 1624 qu'Antoine de Saignard, fils de Cœzar de Saignard & de Clauda Langon, entra en poſſeſſion de la baronnie, on ne ſait à quel titre. En 1620, il aſſiſte aux Etats comme commis du baron de Queyrières, &, en 1624, en ſa qualité de baron.

François, fils d'Antoine & de Claire Desbots, ſuccéda à ſon père dans la poſſeſſion de la baronnie. Il fut maintenu dans ſa nobleſſe en 1668, & laiſſa Queyrières à ſa fille Marguerite, qui porta la ſeigneurie à la famille ſuivante.

Cette nouvelle maiſon ne fut pas tellement maîtreſſe de la baronnie que celle de Saignard en fût définitivement exclue. Il paraît, en

4

effet, qu'en 1736 cette terre fut divifée & que cette année-là même les Etats du Velay admirent à prendre rang & féance, comme poffeffeur d'un tiers de Queyrières, le feigneur Saignard de la Freffange.

9° *FAMILLE DE FAGE DE RIBBES*

ARMES : *D'argent à deux lances éclatées de gueules, pofées en fautoir; au chevron de fable brochant & accompagné en chef de deux palmes de finople.*

Les de Fage étaient feigneurs de Ribbes, de la Combe, de Fournols, de Talifat & de la Veyffenet, élection de Saint-Flour. Ils ont été alliés avec les maifons de Ponfonailles, de Seveyrac, d'Aurouze, de Langlade, de Caftellas, de Laurie de la Salle.

Charles de la Fage de Ribbes, marié à Marguerite de Saignard qui lui avait apporté Queyrières, hérita de la baronnie par la mort de fa femme & la laiffa lui-même, vers 1758, à fa feconde époufe, Henriette de Fillère de Charrouil.

10° *FAMILLE DE FILLÈRE DE CHARROUIL*

ARMES : *D'or à trois palmes de finople, pofées 2 & 1.*

La maifon de Fillère, originaire du Velay, a fourni plufieurs juges mages & lieutenants généraux en la fénéchauffée du Puy. Hugues de Fillère, fieur de Bornette & de Charrouil, fut député aux Etats-Généraux de 1614, tenus à Paris. Le premier connu eft André de Fillère, qui vivait à la fin du XVe fiècle & dans les premières années du XVIe. On compte parmi les alliances de cette maifon, les de Bayle, de Berard, de Montalet, de la Veulhe, de Saignard, &c., &c. J'ai dit comment Henriette de Fillère devint maîtreffe de Queyrières. Elle en fut poffeffionnée jufqu'à la Révolution françaife, & mourut en 1803.

SOURCES : Livre des Hommages aux évêques du Puy; *Tablettes historiques du Velay*; La Roque; Arnaud; *Médicis* (tome I); Bouillet; Généalogie de la famille de la Roue.

ROCHE-EN-RÉGNIER

ROCHE-EN-RÉGNIER fe trouve dans le canton de Vorey & fait partie de la paroiffe de Saint-Maurice-de-Roche. La baronnie s'étendait à une époque en quatre mandements diftinêts & contigus : le Bas-Malivernas, Roche, Artias & Retournac. Le premier, dont le chef-lieu était Saint-Pierre-Duchamp, fut démembré de bonne heure & paffa à la maifon d'Agrain. Les autres comprenaient un grand nombre de villages qui dépendent aujourd'hui des communes de Saint-Vincent, Vorey, Mezères, Saint-Julien-du-Pinet, Beaux, Beauzac, Chamalières, Solignac, Saint-André, &c.

Le bourg de Roche eft bâti fur une roche trachytique & n'a confervé de ce qu'il avait autrefois, que fes foires, la tour du vieux caftel & la chapelle feigneuriale où les prêtres de Saint-Maurice viennent, les dimanches & fêtes, & chacun à leur tour, célébrer les faints offices. « Il ne refte, ajouterai-je avec M. Du Molin, aux cent maifons aujourd'hui éparfes fur les ruines de Roche-en-Régnier, que les rugofités du fol, l'âpreté du climat & les orgueilleufes trifteffes d'une grandeur déchue. »

1º FAMILLE DE ROCHE

ARMES : *Mi-parti d'argent & de fable, au chevron brochant d'argent fur le fable & de fable fur l'argent, accompagné en pointe d'un rocher à trois coupeaux de finople.*

Régnier de Roche, qui vivait à la fin du Xe fiècle & qui figure comme partie ou comme témoin dans plufieurs aêtes du Cartulaire de Chamalières, entre les années 943 & 1020, eſt le premier de ſa maiſon qui apparaît dans l'hiſtoire. Roche-en-Régnier (*Rocha in Raynerio*), qui eſt compoſé en partie de ſon nom, fait conjecturer avec raiſon qu'il fut en effet le premier de ſa race poſſeſſeur de la ſeigneurie. Je ne m'aventurerai pas à rechercher d'où il put venir.

Le principal manoir de cette maiſon fut, ſans nul doute, le château de Roche, mais elle habita auſſi la for253tereſſe d'Artias, commune de Retournac, pendant un certain temps, ainſi que je l'ai dit déjà en parlant de ce château, dans ma troiſième livraiſon des *Châteaux du Velay.*

Pluſieurs des membres de cette famille ſe font remarquer par leurs bienfaits envers divers monaſtères, mais ſurtout envers celui de Chamalières, qui était pour ainſi dire dans l'enclave de la baronnie & à deux pas de la ſeconde réſidence.

Les de Montlaur, de Jaujac, de Chalencon, de La Tour, de Montboiſſier, de Canillac, de Bouſſac figurent parmi les alliances de cette première famille.

Maîtreſſe de Roche dès les premiers temps de la féodalité, la maiſon de Roche la poſſéda juſque vers le milieu du xive ſiècle, ſe maintenant toujours au premier rang, ſoit par ſa fortune, ſoit par ſes alliances, ſoit par ſes ſervices rendus à l'Etat ou à l'Egliſe.

2° FAMILLE DE LÉVIS-LAUTRÉC

Armes : *D'or à trois chevrons de ſable ſuperpoſés, au lambel de même
à trois pendants de gueules.*

« Les anciens de Lavoûte affirmaient, dit Albert de Boys, *Album du Vivarais* (p. 142), avoir vu dans l'égliſe du château un tableau repréſentant la madone avec un enfant dans les bras, comme placée ſur un nuage, un Lévis à ſes pieds, & une banderole s'échappant de ſes mains pour aller rejoindre le chevalier en prières; or, on liſait ces mots ſur cette banderole : « *Venez à moi, mon couſin.* »

« Cette vanité candide, ajoute M. Du Molin qui fait cette citation, ni ne les élève, ni ne les abaisse. Le nom des Lévis est écrit sur toutes les pages de l'histoire du Languedoc. »

Philippe de Lévis, seigneur de Florensac, qui fut le commencement des seigneurs de Roche-en-Régnier, comtes de Villars & ducs de Ventadour, était fils de Gui III de Lévis & d'Isabeau de Marly, fille de Bouchard de Montmorency. De son mariage avec Béatrix, vicomtesse de Lautrec, il eut deux fils : Philippe II, vicomte de Lautrec, par sa mère, & Bertrand, seigneur de Florensac. Le premier devint baron de Roche, en épousant Jamage, héritière de sa maison, en 1336.

Des trois enfants de Philippe II & de Jamage de Roche, ce fut Guigon qui succéda & devint baron de Roche. Sa vie fut courte, mais utile à son pays, dit M. Du Molin. Il se distingua surtout, paraît-il, dans l'expédition qui eut lieu contre le capitaine Rambaut. Marié à Isaure de la Barthe, mort vers 1366, il fut enterré dans l'église des Frères Prêcheurs du Puy.

Philippe III, fils des précédents, fut de tous les seigneurs de Roche, de la maison de Lévis, celui qui a laissé moins de traces dans la vie publique & dans la vie privée. Sa meilleure affaire fut son mariage avec Antoinette de Thoire du Villars, en 1372.

Des quatre enfants qui naquirent de ce mariage, Philippe IV, le plus jeune, devint baron de Roche après la mort de sa mère, vers 1385. Au rapport de M. Du Molin, il fut au premier rang, lui & Antoine, son très jeune fils, de ces vaillants seigneurs qui sauvèrent la ville du Puy, assiégée par les Bourguignons, & délivrèrent le Languedoc des Anglais. En récompense de sa vaillance & de ses services, il fut créé chevalier, en 1420, par le roi Charles VII. Il eut de sa femme, Antoinette d'Anduze, plusieurs enfants, &, entre autres, Antoine, qui fut institué par son père héritier universel.

En succédant à Philippe IV, Antoine de Lévis remplaça le titre de seigneur de Vauvert, qu'il avait porté jusque-là, par ceux de comte du Villars, vicomte de Lautrec, seigneur de Roche-en-Régnier & Annonay, &c., &c. Il fut marié trois fois : 1° avec Louise de Tournon, morte sans enfant; 2° avec Isabeau de Chartres, nièce de Renaud de Chartres, qui le rendit père de deux fils & d'une fille; 3° avec Jeanne de Chalencon, en 1443. Des deux fils Jean & Antoine, aucun ne laissa de postérité. En eux finit la maison de Lautrec.

Le premier, marié à Thomine de Villequier, vivait à la cour, méritait le titre de *Prodigue*, vendait une grande partie de fes biens & donnait le refte à Gilbert, feigneur de Lavoûte, fon coufin germain. Le fecond, après avoir époufé Jeanne de Chamborant, recevait l'ordre de la prêtrife, du confentement de fa femme, & *paffait fa vie à vendre fes biens au duc Jean de Bourbon*, à fe plaindre de ces ventes & à les confirmer.

3° *FAMILLE DE BOURBON*

ARMES : *D'azur à trois fleurs de lis d'or, à la cotice de gueules.*

En 1273, Robert, cinquième fils de faint Louis, comte de Clermont en Beauvoifis, époufa l'héritière de la feigneurie de Bourbon-l'Archambault, Béatrix de Bourgogne, qui était dame de Bourbon par fa mère.

Son fils, Louis Ier, dit le Grand, rendit de très loyaux fervices à Charles-le-Bel qui, pour l'en récompenfer, érigea la feigneurie de Bourbon en duché-pairie par lettres patentes du 27 décembre 1347. — Jacques, fon troifième fils, créa la branche des comtes de la Marche & des princes de la Roche-fur-Yon.

Jean II, dit le *Bon* & le *fléau des Anglais*, fils de Jean Ier, mort en Angleterre après dix-neuf ans de captivité, petit-fils de Louis II, tué à la bataille de Poitiers, arrière-petit-fils de Louis Ier, acquit d'Antoine de Lévis, au prix de 32,000 écus d'or, fes biens paternels & maternels à Vierzon, en Dombes, en Velay & en Vivarais.

« Né en 1427, dit M. Du Molin, il fuccéda, comme duc de Bourbon, à Charles Ier, fon frère, après avoir époufé Jeanne de France, en 1447. Il fut fuccefivement lieutenant général dans les provinces méridionales, depuis le Lyonnais jufqu'au Poitou, connétable de France, & mêlé aux plus grandes affaires de l'Etat, fous Charles VII, Louis XI & Charles VIII. »

Je paffe fous filence les conteftations qui s'élevèrent entre le duc Jean II & Jeanne de Chalencon, à propos du douaire de cette dernière, & les de Lévis de Lavoûte, à l'occafion des biens vendus par Antoine.

Jean II n'ayant eu aucun enfant légitime, ni de Jeanne de France, ni de Catherine d'Armagnac, donna la terre de Roche à son fils naturel, Mathieu de Bourbon, dit le *grand bâtard*, sans en rien retenir, stipulant seulement que si le dit Mathieu venait à mourir sans hoirs mâles & légitimes, la dite terre reviendrait aux ducs de Bourbon.

Les Sainte-Marthe & Commines parlent avec admiration du nouveau maître de la baronnie : « Il était sage & vaillant seigneur, & se porta fort généreusement en plusieurs mémorables entreprises & guerres des rois Louis XI & Charles VIII. » Après la mort, en 1488, du cardinal Charles de Bourbon, il fut maréchal & sénéchal du Bourbonnais, chambellan, gouverneur de Picardie, puis amiral de Guyenne.

Il mourut en Forez, dans le château de Chambéon, le 19 mars 1504, & il fut inhumé dans l'église collégiale de Montbrison, où Anne de France, sa tante, alors douairière de Bourbon, fonda en honneur de sa mémoire deux prébendes affectées sur le revenu de Roche-en-Régnier.

Par sa mort sans enfant, la baronnie rentra dans le domaine du duc régnant, de Pierre de Bourbon, quatrième fils de Charles Ier, qui épousa la fille aînée de Louis XI. Le duc Pierre II ne laissa qu'une fille, Suzanne de Bourbon, mariée à Charles de Montpensier, qui fut le fameux connétable de Bourbon

Je trouve enfin la baronnie de Roche, en 1538, au pouvoir de Louis II de Bourbon, prince de la Roche-sur-Yon, nouveau duc de Montpensier, qui la garda jusqu'à l'arrêt du 23 août 1582, qui en ordonna le délaissement à la maison de Lavoûte.

4° FAMILLE DE LÉVIS-VENTADOUR

Armes : *Écartelé, au 1 bandé d'or & de gueules, au 2 d'or à trois chevrons de sable, au 3 de gueules à trois étoiles d'or, 2 & 1, au 4 d'argent au lion de gueules; un écusson en abîme échiqueté d'or & de gueules.*

Les représentants de cette nouvelle famille se titraient : barons de Lavoûte, seigneurs de Vauvert & comtes de Ventadour. Ce dernier titre lui vint par le mariage de Louis de Lévis, chambellan de Charles VIII, avec Blanche de Ventadour.

Le premier de ce nom qui poſſéda la baronnïe de Roche fut Gilbert de Lévis, fils de Gilbert II, enfant d'honneur de François Iᵉʳ en 1524, & ſon panetier en 1531, & de Suzanne Delair, fille de noble Jacques Delair, ſeigneur de Cornillon, & d'Antoinette de Tournon. Il eut pour femme Catherine de Montmorency, fille d'Anne, connétable de France, & de Magdeleine de Savoie. Ce fut lui qui obtint l'arrêt du Conſeil qui déclarait les ſubſtitutions faites par ſes ancêtres ouvertes en ſa perſonne. Il mourut à Lavoûte, en 1591, chargé de titres & d'honneur.

Anne de Lévis-Ventadour, fils des précédents, duc de Ventadour, pair de France, comte de Lavoûte, baron de Cornillon, Vauvert, Annonay, Roche-en-Régnier & autres ſeigneuries, fit grande figure en ſon temps. En Limouſin, où il ſuccéda au gouvernement de ſon père, il affaiblit conſidérablement le parti de la Ligue, & ne rendit pas de moindres ſervices à la cauſe d'Henri IV, en Languedoc, où il ſecondait comme lieutenant général, juſqu'en 1622, ſon oncle le duc de Montmorency, qui en était gouverneur.

Marié, le 25 juin 1592, avec Marguerite de Montmorency, fille d'Henri Iᵉʳ, duc de Damville, il eut ſix enfants : Henri, Charles, Anne, Louis-Hercule, François, Chriſtophe.

Anne de Lévis, dom d'Aubrac, baron de Douzenac, tréſorier de la Sainte-Chapelle de Paris, archevêque de Bourges en 1649, mourut en 1662, âgé de 57 ans. — Louis-Hercule, jéſuite, ſacré évêque de Mirepoix le 19 décembre 1655, mourut en janvier 1679. — Henri, l'aîné de tous, n'ayant pas d'enfant de ſa femme, Marie-Louiſe de Luxembourg, princeſſe de Tingri, ſe ſépara d'elle avec ſon conſentement, s'engagea dans les ordres & devint chanoine de l'égliſe de Paris, tandis que ſon épouſe alla prendre l'habit des Carmélites à Chambéry, dont elle fonda le monaſtère. — Charles de Lévis, par abdication de ſon frère, devint duc de Ventadour, pair de France & chef de ſa race. Il était déjà baron d'Annonay & de Roche-en-Régnier, comte de Lavoûte. Marié en ſecondes noces à Marie de La Guiche de Saint-Géran, fille du maréchal de ce nom, il eut, outre deux filles, Louis-Charles de Lévis, dont la fille & unique héritière porta par mariage les biens de la maiſon de Lavoûte dans celle des princes de Soubife, ducs de Rohan-Rohan. — François trouva la mort, le 17 feptembre 1625, dans un combat naval contre les Rochellois. — Chriftophe, dit le comte de Brion, eft le feul, dit M. Du Molin, qui véritablement nous appartienne, puifque c'eft à lui que, par les arrangements de famille, était échue la feigneurie de Roche-en-Régnier.

« Ce cadet de la maifon de Lavoûte, dit l'auteur cité, ainfi paffé duc de Damville, n'eut pas plus de fouci de la baronnie de Roche-en-Régnier que fi elle ne lui appartenait pas, & felon toute apparence ne la vifita jamais. Il vivait à Paris, premier écuyer de Gafton de France, veuf fans enfant dès le 10 février 1651, d'Anne Le Camus de Jambeville, fille unique d'un préfident au Parlement, & avec les titres de gouverneur du Limoufin, de capitaine de Fontainebleau & même de vice-roi d'Amérique, dont les fonctions n'étaient pas bien férieufes. »

Ecoutons encore le portrait que fait de notre baron vellavien le favant monographe de Roche-en-Régnier :

« Nous avions rencontré parmi les feigneurs de Roche un Antoine de Lévis de la branche aînée, qui était un fingulier perfonnage ; Chriftophe de Lévis de la branche cadette ne l'était pas moins, quoique un peu d'autre forte. L'un comme l'autre, fiers de leur parenté avec la fainte Vierge, étaient dévots, rêveurs, myftiques, mais celui-ci dépenfait plus de temps en intrigues politiques & en intrigues d'amour, à la vérité jamais acteur principal & toujours comparfe. Duc & veuf fans enfant, fon mérite était de pouvoir fe remarier & de faire ainfi une ducheffe à qui le joug conjugal ferait léger, quoiqu'il fût, au dire de mademoifelle de Montpenfier, l'amant du monde le plus incommode. Il travailla une grande partie de fa vie à cette fottife & mourut de fortune à la veille d'y réuffir.

« Un mot encore & le plus important : Il laiffait fes affaires en tel état, que des arrêts du Parlement de l'année 1667 adjugeaient tous fes biens à l'affemblée de fes créanciers. »

5° *FAMILLE DE NÉRESTANG*

Armes : *D'azur à trois bandes d'or, accompagnées de trois étoiles
d'argent, rangées entre la 1ʳᵉ & la 2ᵐᵉ bande.*

Maifon originaire d'Auvergne, y exerçant, dans le xiiiᵉ fiècle, la
charge de bailli des montagnes. Le chanoine Lamure parle d'un
Philippe de Néreſtang, qui, répondant à l'appel d'Urbain II au con-
cile de Clermont, en 1095, arriva l'un des premiers à l'armée du
comte de Touloufe. Autre Philippe de Néreſtang fut une des célé-
brités de cette maifon. Il fut homme de guerre de quelque renom,
mêlé aux grandes affaires & chargé, fous quatre rois, Charles IX,
Henri III, Henri IV & Louis XIII, d'expéditions importantes.

La baronnie de Roche, vendue aux enchères, fut adjugée à Charles-Achille, marquis de Néreſtang, fils de Jean & de demoifelle
Ennemonde-Joachim de Harley, le 5 feptembre 1673, au prix de
139,200 livres, y compris l'indemnité payée au marquis de Chaſte,
précédent enchériffeur pour les faux frais & prix de ratification.

Charles-Achille, marié en 1667 à Françoife de Grave, fille de
feu Jean de Grave, fieur de Launay, préfident en la Chambre des
Comptes de Nantes, & à Françoife de Godet, n'eut qu'un feul
enfant, Louis-Achille de Néreſtang, qui n'accepta la fucceffion de
fon père que fous bénéfice d'inventaire, & paffa fa vie à la liquider.

6° *FAMILLE JOURDA DE VAUX*

Armes : *D'or à la bande de gueules, chargée de trois croiſſants d'argent.*

On dit cette famille originaire du Gévaudan. Elle s'établit en
Velay au temps des derniers Valois, & devint fucceffivement maîtreffe du Fraiffe, de Folletier, de Vaux, de Chabanolles, du Clos,

du Rhuiller, de Retournac, de Roche-en-Régnier, du Bouchet & de Mercuret. Ce fut en 1678 qu'elle acheta la coseigneurie de Retournac & une partie du mandement d'Artias, &, en 1730, qu'elle acquit tout ce que la famille de Néreſtang poſſédait encore de la baronnie de Roche-en-Régnier, au prix de 63,000 francs.

Ses principales alliances, dans ces diverſes branches, ont été avec les maiſons de Paſtourel, de Saint-Germain de Champes, d'Exbrayat de Créaux, de Soulages, de la Porte, de Bayle de Martignac, de La Tour de Beauzac, de Goyon de Beaucorps, de la Rouſſelière-Clouard, de Rancelot du Meſnil, de Neyron des Urſins, de la Colombe, de la Mure, de Charbonnel, de Vauborel, de Fougères, de Vergennes, de Brive, de Verdelhan des Molles, Deſcours, de Villars, de Roche de Longchamps.

Elle a produit un grand nombre d'illuſtrations militaires, &, entre autres, un maréchal de France, vainqueur de la Corſe, & mort après avoir ſervi ſon pays pendant près de ſoixante ans, un maréchal de camp, un chef de bataillon, un capitaine de lanciers, un capitaine de frégate, un lieutenant de dragons, un zouave pontifical, engagé volontaire en 1870 dans la guerre contre la Pruſſe, &c., &c. Il y a eu auſſi de cette maiſon un grand vicaire de Vienne & un certain nombre de religieuſes en divers monaſtères.

Elle eſt repréſentée aujourd'hui par les trois branches de Folletier, du Rhuiller & de Chabanolles. La première a trois rameaux, dont l'un eſt établi à Folletier, l'autre à Vaux, & le troiſième en Beaujolais. Celle du Rhuiller en compte deux, le premier en Belgique, & l'autre à Annonay. Un repréſentant de la troiſième, ſous le modeſte habit de frère mariſte, exerce les fonctions d'inſtituteur dans la Nouvelle-Calédonie.

Le maréchal de France n'avait eu de Jeanne-Marie-Philiberte-Huberte de la Porte, ſon épouſe, que deux filles : Jeanne-Marie-Thérèſe de Vaux, & Marie-Louiſe. L'aînée avait épouſé, en 1765, Louis-Malo-Gabriel de Vauborel, capitaine au régiment de Bourbon-cavalerie, & plus tard maréchal de camp. Elle mourut ſans enfant. — La cadette épouſa, en 1770, le marquis de Fougères, premier maître d'hôtel du comte d'Artois, &, en ſecondes noces, le comte Moré de Pontgibaud. Elle n'eut d'enfants que de ſon premier mari, deux filles & un fils. Ce fils, le comte Louis de Fougères, à qui le maréchal avait tranſmis une des deux grandes parts de ſa fortune, devint, à l'avènement de Charles X, premier gentilhomme de la Chambre. D'une très riche alliance il ne laiſſa qu'une fille, mariée au marquis de Nicolaï.

Sources : M. Truchard Du Molin, *Baronnie de Roche-en-Régnier*; Bouillet, *Nobiliaire d'Auvergne; Les Châteaux du Velay* (1re et 2me livraisons).

SAINT-DIDIER

ETTE baronnie avait pour chef-lieu Saint-Didier-la-Séauve, qui était une des huit villes du Velay représentées aux Etats par un conful. M. Malègue dit que parmi les chofes remarquables de cette localité, fe trouve furtout le manoir baronnial & diocéfain, que l'on retrouve dans fes veftiges. Il ferait difficile de fe faire aujourd'hui une idée jufte de ce que pouvait être autrefois cette habitation.

1º FAMILLE DE SAINT-DIDIER

ARMES : *D'azur au lion d'argent, à la bordure de gueules, chargée de huit fleurs de lis d'or.*

Le premier auteur connu de cette maifon eft Guillaume de Saint-Didier, qui vivait dans la deuxième moitié du XIIe fiècle. Il fut *troubadour, bon chevalier d'armes, libéral, bien inftruit, poli, civil & galant.*

Il eut pour fuccefleur Joufferand Ier, fon fils, d'après Arnaud, fon neveu, d'après Mandet. Il fut troubadour comme Guillaume.

Vient enfuite Guigon, fils de Joufferand Ier, marié à Ifabelle de Clérieu. Ce fut lui qui vendit à l'évêque du Puy, Guillaume de la Roue, pour le prix de 1,360 livres, le château, le mandement & la feigneurie de Moniftrol, avec fes annexes, dépendances, droits & actions quelconques, l'an 1260.

Des deux enfants connus de Guigon, Alexandre entra dans les ordres & fut chanoine de Valence; Joufferand II devint baron de Saint-Didier après fon père. Ce dernier fut marié à Amphelife de Chalencon, fœur de Jean de Chalencon & fille de Bertrand, feigneur de Chalencon, & d'Aigline de Beaumont. En 1285, il reconnut tenir de l'évêque du Puy le château de Saint-Didier, la maifon de la Séauve avec fon mandement, Saint-Viɓor, Saint-Romain, Prunières, le château de Dunières & tout ce qu'il avait dans le bourg, avec juftice haute, baffe & moyenne, plus tout ce qu'il poffédait dans le château & en dedans des portes de Moniftrol, & encore le château & le village du Chambon, dans la même paroiffe. Par les teftaments d'Amphelife & de Joufferand II, on leur connaît cinq enfants : 1° Alexandre, qui fuivra; 2° Roger; 3° Guigon; 4° Bertrand; 5° Florimond.

Alexandre, inftitué héritier univerfel par fon père, prit poffeffion de la baronnie au commencement du XIVᵉ fiècle, & fe titra feigneur de Saint-Didier, de Dunières, de Riotord & de Rochefort. Marié, peu avant 1299, avec Agnès du Cheylard, il teftait le 7 avril 1327. Dans fon aɓe de dernière volonté, il nomme cinq enfants : 1° Ifabelle, qui fut mariée, en 1335, à Henri de Rochebaron, feigneur de Montarchier & de Leniecq; 2° Rogier; 3° Alexandre; 4° Guiote, dame d'honneur de Luce de Beaudiner, baronne de Cornillon, mariée à Audebert, feigneur de Châteauneuf & de Saint-Quentin; 5° Joufferand, qui fut fon fucceffeur & fon héritier univerfel.

Joufferand III, baron de Saint-Didier, de 1332 à 1367, époufa, vers 1320, demoifelle Thiburge de Lapte, fille de Pierre de Bellegarde, feigneur de La Maftre, & d'Alaïs de Lapte, rendit hommage à Jean, comte de Forez, pour des biens qu'il avait à Saint-Juft & à Riotord, fe remaria avec Garine de Saint-Romain de Val-Mordane, & tefta en 1367, à fon château de La Maftre. Son teftament nous fait connaître trois enfants : 1° Guichard de Saint-Didier, de l'ordre de Saint-Antoine, commandeur d'Auvergne; 2° Alexandre de Saint-Didier, feigneur de Mercuret en 1396; 3° Pierre, inftitué héritier univerfel.

Pierre, dit Teftard, qui fuccéda à Joufferand III, fon père, fut marié à Philippe Bertrande, nièce du cardinal Bertrand du Colombier. Dans l'hommage qu'il rendit à Jean de Chandorat, évêque du

Puy, en 1343, pour les vaftes poffeffions que lui avait laiffées fa grand'mère, fe trouvent énumérés fa part du château de Lapte, Broffette, Montjevin, le péage de Lapte, le pont de la Sainte, fa part de la leyde & du four de Lapte. Il n'eut que deux filles : Bellonde, dont on ne connaît pas la deftinée; Thiburge, qui porta tous les biens de fa famille d'abord à Jean de Polignac, fils du vicomte Armand, puis, par un fecond mariage, vers 1381, à la famille fuivante.

2° *FAMILLE DE CHATEAUNEUF-JOYEUSE*

Armes des Chateauneuf : *D'or à trois pals d'azur, au chef de gueules, furmonté de la légende :* « Deo juvante. »

Armes des de Joyeuse : *Châteauneuf, chargées de trois hydres d'or.*

Armes des de Joyeuse Saint-Didier : *De Joyeufe, écartelées de celles de Saint-Didier.*

« La maifon de Châteauneuf-Randon s'eft divifée, dit Guftave de Burdin, en plufieurs branches, toutes illuftres : 1° Les comtes de Châteauneuf-Randon, baron du Tournel, marquis de Boys, feigneur de Saint-Etienne du Valdonnez, &c.; — 2° Les comtes d'Apchier, baron de Thoras, de la Garde & de la Margeride, feigneur de la Claufe, Charraix, &c., cofeigneurs de la ville de Saugues, &c.; — 3° Les comtes de Barjac & de Rochegude, en Languedoc; — 4° Les vicomtes & ducs de Joyeufe, en Vivarais, fondus dans la maifon de Lorraine, & les comtes de Grandpré, en Champagne, branche de Joyeufe, fondus dans la maifon d'Equevilles, &c. »

La fouche de toutes ces branches fut Guillaume de Châteauneuf-Randon, qualifié *domicellus miles*, feigneur de plus de quatre-vingts paroiffes ou châteaux en Gévaudan, Vivarais ou Cévennes, connus fous le nom de *Randonnat* ou *Randonnois*, marié, en 1057, à Antoinette de Mercœur.

Le premier qui devint baron de Saint-Didier fut Louis de Châteauneuf-Randon, qui formait le neuvième degré, à partir de Guillaume, & le fixième de fa branche. Son contrat de mariage avec Thiburge

de Saint-Didier eft en date du 26 mai 1379. Ils étaient veufs l'un &
l'autre : Louis, de Marguerite de Chalencon; & Thiburge, de Jean
de Polignac.

Je tranfcris la généalogie de cette branche, telle que la donne
Guftave de Burdin, tout en en retranchant les preuves apportées par
l'auteur.

Du mariage de Louis & de Thiburge : 1° Randon, qui fuit;
2° Claire, mariée, le 8 février 1399, à Robert, vicomte d'Uzès.

Randon de Châteauneuf-Randon, baron de Joyeufe, feigneur de
Saint-Didier, &c., chevalier banneret, confeiller & chambellan de
Charles, dauphin de Viennois, gouverneur du Dauphiné, &c., marié
à Catherine Aubert, fille d'Etienne de la Rochedagu. De ce mariage : 1° Louis, qui fuit; 2° Jean, chevalier de Rhodes; 3° Jeanne,
mariée à Gilbert Motier, feigneur de La Fayette, maréchal de France,
15 janvier 1423.

Louis de Châteauneuf-Randon, vicomte de Joyeufe, marié à
Jeanne Louvet. De ce mariage : 1° Tanneguy, qui fuit; 2° Marguerite, mariée à Jean Le Foreftier, feigneur de Vauvert, en Vivarais;
3° Louife, mariée à Beraud de La Tour, feigneur de Saint-Vidal.

Tanneguy de Châteauneuf-Randon, vicomte de Joyeufe, chevalier
de l'ordre du Porc-Epic, marié, en 1448, à Blanche de Tournon.
De ce mariage : 1° Guillaume, qui fuit; 2° Charles, évêque de
Saint-Flour; 3° Louis, feigneur de Bothéon, en Forez, &c., comte
de Chartres, confeiller & chambellan de Louis XI, Charles VII &
Louis XII, gouverneur de François de Bourbon, lieutenant général
au gouvernement de Paris, &c., marié à Jeanne de Bourbon, fille
de Jean, comte de Vendôme, & d'Ifabelle de Beauveau.

Guillaume de Châteauneuf-Randon, vicomte de Joyeufe, feigneur
de Saint-Didier, marié à Anne de Balzac, fille de Roffec de Balzac,
fénéchal de Nîmes, & de Jeanne d'Albon, 1472. De ce mariage :
1° Charles, marié, en 1503, à Françoife de Meuillon, fille d'Antoine
& d'Ifabeau de Peyre, fans poftérité; 2° Guillaume, évêque d'Alais;
3° Jacques, doyen de l'églife du Puy; 4° Thibault, chevalier de
Malte; 5° Jean, qui fuit; 6° Louis, évêque de Saint-Flour; 7° Anne,
mariée au feigneur d'Orlac, en Auvergne; 8° Françoife, mariée au
baron de La Tourette.

Jean de Châteauneuf-Randon, vicomte de Joyeufe, feigneur de

Saint-Didier, chevalier de l'ordre du Roi, lieutenant général pour Sa Majesté en Languedoc, gouverneur de Narbonne, marié à Françoise de Voisins, en 1518. De ce mariage : 1° Jean-Paul, mort sans postérité; 2° .....

Guillaume de Châteauneuf-Randon, vicomte de Joyeuse, seigneur de Saint-Didier, chevalier de l'ordre du Roi, capitaine de cinquante hommes d'armes, lieutenant général en Languedoc, maréchal de France, chevalier du Saint-Esprit lors de la création, posséda, six années, sans se faire sacrer, l'évêché d'Alais, qu'il quitta pour se marier avec Marie de Batarnay, fille de René, comte du Bouchage, & d'Isabelle de Savoie-Villars, en 1560. De ce mariage : 1° Anne de Châteauneuf-Randon, duc de Joyeuse, amiral de France, chevalier des ordres du Roi, gentilhomme de la Chambre, marié, le 24 septembre 1581, à Marguerite de Lorraine, sœur puînée de la reine de France, femme de Henri III. Chargé par le Roi de pacifier le Languedoc, ce fut lui qui détruisit la ville de Marvejols, en 1586, & fut tué à la bataille de Coutras, en Saintonge, sans laisser de postérité; 2° François de Châteauneuf-Randon, duc de Joyeuse, archevêque de Narbonne, cardinal & archevêque de Toulouse, commandeur de l'ordre du Saint-Esprit, assista à l'élection des papes Léon XI & Paul IV, fut nommé à l'archevêché de Rouen, en 1600, sacra Louis XIII à Reims, en 1610, & mourut à Avignon, doyen du sacré Collège; 3° Henri de Châteauneuf-Randon de Joyeuse, comte du Bouchage, duc, pair & maréchal de France, chevalier des ordres du Roi, maître de la garde-robe, lieutenant général en Languedoc, marié à Catherine de Nogaret de Lavalette, fille de Jean & de Jeanne de Saint-Lary de Bellegarde, dont il n'eut qu'une fille, nommée Henriette-Catherine, unique héritière du duché de Joyeuse, qu'elle apporta en dot à son second mari, Charles de Lorraine, duc de Guise, en 1611; elle avait épousé en premières noces, en 1597, Henri de Bourbon, duc de Montpensier. Ce fut ce dernier qui vendit la baronnie, ainsi que je le dirai tout à l'heure. — Vivement affecté de la mort de sa femme, Henri de Joyeuse avait pris l'habit de capucin; mais, sollicité par le Parlement de Toulouse d'accepter le gouvernement de la province en remplacement de son autre frère, Antoine-Scipion, noyé au passage du Tarn, en 1592, il ne crut pas pouvoir refuser cet acte de dévouement à la patrie; fait maréchal de

France en 1596, lors de l'édit de Folembray, en récompenſe de ſes ſervices ſignalés pour le rétabliſſement de la paix, il reprit l'habit de ſon ordre, le 8 mars 1599, & mourut en octobre 1608, ſous le nom de père Ange, après s'être adonné à toutes les pratiques de l'aſcétiſme le plus auſtère. C'eſt de lui que Voltaire a dit :

> Il prit, quitta, reprit la cuirasse et la haire.

3° *FAMILLE DE BOURBON-MONTPENSIER*

Armes : *D'azur à trois fleurs de lis d'or, au filet ou cotice de gueules en bande.*

Même famille que celle poſſeſſionnée à Roche-en-Régnier, & qui ajouta à ſon nom celui de Montpenſier, par ſuite du mariage de Louis Iᵉʳ de Bourbon, en 1504, avec ſa parente Louiſe de Bourbon, fille de Gilbert, comte de Montpenſier, propre ſœur du connétable. De cette union naquit, à Moulins, le 10 juin 1513, Louis II, prince de la Roche-ſur-Yon, Bourbon par ſon père & par ſa mère, & qui devint le chef de la ſeconde maiſon de Montpenſier, & baron de Roche-en-Régnier. Louis II, marié à Jacqueline de Longwy, en eut ſix enfants, &, entre autres, François de Bourbon-Montpenſier, qui de ſon union avec René d'Anjou eut Henri de Bourbon, duc de Montpenſier & de Saint-Fargeau, prince de la Roche-ſur-Yon, gouverneur de la Normandie, après ſon père.

Ce fut à ce dernier qu'échut la baronnie de Saint-Didier, par ſon mariage avec Henriette-Catherine, ducheſſe de Joyeuſe, fille unique & héritière de Henri de Joyeuſe, comte du Bouchage.

Henri de Bourbon-Montpenſier ne devait pas garder longtemps la baronnie de Saint-Didier, & il la vendait à Philibert de Néreſtang, deux ans après ſon mariage.

Henri de Bourbon-Montpenſier fut le grand-père de Marie-Louiſe d'Orléans, connue ſous le nom de mademoiſelle de Montpenſier, la plus riche héritière du royaume, & qui faillit en être la reine.

4° *FAMILLE DE NÉRESTANG*

ARMES : *D'azur à trois bandes d'or, accompagnées de trois étoiles d'argent, rangées entre la 1re & la 2me bande.*

Ce fut vers 1599, ou au plus tard vers 1600, que la baronnie fut achetée par le repréfentant de cette famille, dont il a été queftion déjà à propos de Roche-en-Régnier, & l'acquéreur en reçut l'inveftiture de l'évêque du Puy dans le courant de cette dernière année.

Pour arrondir fa propriété & compenfer le démembrement qui en avait été fait par vente paffée à Robert de Lignerac de la portion défignée fous le nom de Dunières-les-Joyeufe, Philippe achetait, le 22 avril 1609, de meffire Marc de la Roue, chevalier de l'ordre du Roi, feigneur & baron de la Roue, Montpeloux, Pierrefort, Aurec, Oriol, la Chapelle & autres places, les terres & feigneuries d'Aurec, Oriol & la Chapelle, en toute juftice, haute, moyenne & baffe, fans réferve ni exception, fituées en pays de Velay & Forez, rière les diocèfes du Puy & l'archevêché de Lyon, au prix de 54,000 livres, outre le principal de la penfion de 60 livres tournois due au prieur & prêtre d'Aurec.

J'ai dit comment Roche-en-Régnier paffa des Néreftang à la maifon de Vaux; je dirai à l'article fuivant comment Saint-Didier arriva de la même maifon à la famille fuivante.

5° *FAMILLE DE GENESTET-SÉNEUJOLS*

ARMES : *D'azur, au cœur ailé d'or.*

Le premier que je connais de cette maifon eft Jacques de Geneftet, feigneur de Séneujols & de Montbonnet. Il fut juge mage, de 1716 à 1753. Il acquit du marquis de Néreftang ou de fes ayants droit, en 1733, la baronnie de Saint-Didier, avec les feigneuries d'Aurec, de Saint-Ferréol, de la Chapelle & d'Entremont. Il était fecrétaire du Roi, maifon & couronne de France.

Il eut, de Marguerite de Fay de La Tour-Maubourg, Jean-Marie-Hector de Geneftet, qui fut guillotiné à Paris, en 1793, avec fon époufe, Louife de Beffet, de l'illuftre maifon de Montboiffier, pour être reftés fidèles à leur Dieu & à leur Roi.

Sources : *Tablettes historiques du Velay;* Gustave de Burdin, Documents sur le Gévaudan; M. Truchard Du Molin, *Baronnie de Roche;* M. Péala, Conférences sur les martyrs de la Révolution dans le diocèse du Puy.

SAINT-HAON

AINT-HAON, qui était le fiège de la baronnie, fait partie du canton de Pradelles. « Là, dit Malègue, fut peut-être la ville gallo-romaine de *Condate* & la fortie de la *via Bolena*. »

Du vieux caftel il ne refte que des ruines. Ce devait être une place affez forte, puifqu'en 1590, un corps de troupes roya-liftes alla y mettre le fiège. Arnaud, qui rapporte ce fait, ne dit point quel fut le réfultat obtenu par les affiégeants. En 1632, le fieur Machault, maître des requêtes, ayant reçu ordre d'aller rafer les châteaux des feigneurs & gentilshommes qui avaient fuivi le parti de Monfieur, frère du Roi, ordonna la deftruction de celui de Saint-Haon, dont la garnifon ne fongea à fe retirer qu'après que le feu y eut été mis.

1° *FAMILLE DENTIL*

ARMES : *De gueules, au lion d'or, accompagné de trois dents d'argent.*

Pierre Dentil, damoifeau, feigneur du château de Saint-Haon, donne l'inveftiture à l'hôpital des pauvres Notre-Dame, d'un legs qui lui avait été fait par Raymond Loda, d'une rente fife au village d'Efcublac, dépendant de fa feigneurie. Fait dans l'églife de Rouret, le 1ᵉʳ des nones de juillet 1270.

Cette famille eſt citée pluſieurs fois dans le Livre des Hommages pour certaines poſſeſſions qu'elle avait à Jonchères, & dans une de ces reconnaiſſances on donne à celui qui la fait, le titre de noble Dentil de Saint-Haon.

Le premier que cite La Roque, eſt Colon Dentil, ſeigneur de Ligonnès, qui vivait vers la fin du xvᵉ ſiècle. Il y avait longtemps déjà que cette maiſon ne poſſédait plus Saint-Haon. Le généalogiſte dit que cette famille fut maintenue dans ſa nobleſſe par jugement ſouverain du 15 janvier 1671, & lui donne des alliances avec les Rochemure, les de Calvière, d'Eſpinchal, de Rochebaron, de Rénaud de Pont de Gripes.

2° *FAMILLE DE MONTLAUR*

ARMES : *D'or au lion de vair, couronné.*

En 1274, quatre ans après l'inveſtiture citée plus haut, noble & puiſſant ſeigneur Héracle de Montlaur, frère de Pons, fait hommage à l'évêque du Puy du château de Saint-Haon. On ne ſait ce qui s'était produit dans ce court eſpace de temps.

« Les Montlaur, dit M. Truchard Du Molin, *Baronnie de Roche-en-Régnier* (p. 14), devenus ſeigneurs d'Aubenas en 1121, avaient ajouté au vieux fief dont ils portaient le nom, un grand nombre d'autres fiefs ſitués des deux côtés de ce rideau de montagnes qui ſépare le Velay du Vivarais, &, parmi ces châteaux, celui de Montbonnet ſur la route du Gévaudan & titré de baronnie leur donna l'entrée aux Etats du pays dès que les malheurs du Dauphin, qui fut Charles VII, en eurent rendu la convocation à peu près régulière. »

« L'importance du fief de Montlaur, dit de ſon côté M. Charles Calemard de la Fayette, *Notre-Dame de Pradelles* (p. 118), ſe maniſeſte ſuffiſamment par ces faits à citer, entre autres, à ſavoir que deux baronnies d'Etat relevaient de lui, qu'il était de la mouvance de la couronne, & que les plus illuſtres familles en portèrent le nom, en le ſubſtituant même à peu près complètement au leur. »

A tout cela il convient d'ajouter, en preuve de la puiſſance de cette maifon, que des deux terres de Montlaur & d'Aubenas, dont elle était maîtreffe, dépendaient neuf cents fiefs nobles, tous hommageables, avec lods & ventes, prélations & autres droits feigneuriaux.

Au premier degré connu de cette maifon apparaît Gui de Montlaur, qui en a été la fouche. En 1075, il fe reconnaît vaffal de Guillaume, comte de Touloufe.

Armand de Montlaur, écuyer, fut le dernier repréfentant mâle de fa lignée. Il mourut en 1428, avant fon père & fans enfant. Il avait été marié, par contrat du 24 avril 1423, à Françoife de Pefchin, fille de Jacques de Pefchin, fieur du dit-lieu, & de Delphine de Saligny.

Ce fut la fœur d'Armand, héritière des grands biens de fa maifon, qui porta Saint-Haon à la famille de Maubec.

3° *FAMILLE DE MAUBEC-MONTLAUR*

ARMES : *D'or à deux léopards d'azur, pofés l'un fur l'autre.*

Un membre de cette famille fait hommage du château de Saint-Haon à l'évêque du Puy, en 1489.

Maifon de chevalerie, originaire du Viennois, dont le nom primitif était Bocfozel, qu'elle échangea, en 1202, contre celui de Maubec, par fuite du mariage d'Aymon II, chevalier, fieur de Bocfozel, avec Jeanne de Maubec, héritière de Maubec & autres terres.

Maubec était une des grandes terres du Dauphiné, en pays de Viennois, & une des grandes & anciennes baronnies de cette province. Elle fut plus tard titrée de marquifat. D'après Guy Allard, les repréfentants de la baronnie de Maubec, ainfi que ceux des trois autres fiégeaient aux Etats comme députés nés & perpétuels, & feuls avaient droit à un fauteuil, les autres nobles étant affis fur des bancs.

Vers le commencement du xvᵉ fiècle, vivait Hugues II de Maubec. Il était fils de François de Maubec & d'Alix Grolée, fe titrait chevalier & baron de Maubec, de Roche, des Efparres, &c., & formait le fixième degré de fa famille. Dans le combat qui fe donna en 1429, dans le Viennois, auprès d'Anthon, entre le prince d'Orange, le duc de Bourgogne & celui de Savoie, & Raoul de Gaucourt, gouverneur du Dauphiné, qui était à la tête de toute la nobleffe de la province, Hugues de Maubec y *fut remarqué entre tous pour avoir extrêmement bien fait*. Marié à Jeanne de Montlaur, fille de Louis de Montlaur & de Marguerite de Polignac, héritière de fa maifon & la dernière de fon nom, il dut fe dénommer de Montlaur, vers 1425, & fa branche fut dénommée ainfi dans la fuite.

Après ce changement de nom, je trouve les Maubec alliés avec les maifons de Dio, de Laftic, Motier de La Fayette, de Rouvière, de Miolans, de Balzac.

4° *FAMILLE DE LÉVIS-LAUTREC*

ARMES : *D'or à trois chevrons de fable fuperpofés, au lambel de même à trois pendants de gueules.*

Arnaud, dans fon *Hifloire du Velay* (t. II, p. 430), donne comme baron de Saint-Haon, en 1419, Philippe de Lévis, vicomte de Lautrec. Il n'eft pas facile de concilier cette date avec celle de l'hommage de cette feigneurie par un de Maubec, en 1489, à moins que les de Lévis n'aient poffédé la baronnie avant la famille dont il a été queftion dans l'article précédent, que pendant un court efpace de temps.

Le même auteur (au même tome & à la même page) cite comme maître de la baronnie, en 1443, le bailli de Velay & chambellan du Roi. Il m'a été impoffible de découvrir les nom & prénom de ce nouveau maître.

Rien fur cette feigneurie pendant plus d'un fiècle.

5° *FAMILLE DE LA RODDE*

ARMES : *D'azur à la roue d'or, au chef d'argent, chargé de trois chevrons de gueules pofés en fafce.*

Très ancienne famille du Velay, laquelle a pris fon nom de la terre de la Rodde, fieur du dit lieu, en 1231. Elle a eu deux bran-

ches, l'une reftée en Velay & poffeffionnée à Saint-Haon depuis la
première moitié du xviie fiècle, & l'autre établie en Bourgogne &
féparée de la précédente depuis 1601.

Jean de la Rodde, fieur de Châteauneuf, fut commis du baron de
Saint-Haon aux Etats du Velay, le 20 juillet 1620. Il avait époufé,
deux ou trois mois avant, le 24 avril de la même année, l'héritière
de cette maifon, Ifabeau de Saint-Haon, & ce fut par là qu'il devint
plus tard baron du Velay.

Par lettres patentes données à Verfailles au mois de mai 1709, le
Roi unit & incorpora les châtellenies & mandements, feigneuries,
fiefs & juftices de Rochefort, des Combes, Montchamp, Cheyrac,
Fay, Goy de l'Eftang & Salettes, à la baronnie de Saint-Haon, à
laquelle ils étaient contigus, enfemble les terres, feigneuries, fiefs &
juftices que Henri-Hyacinthe-Céfar de la Rodde, propriétaire de
cette baronnie, capitaine dans le régiment de Chartres-cavalerie, &
fes fuccefleurs pourraient acquérir de proche en proche, pour ne
former qu'un feul corps de terre & de feigneurie. Ce prince créa
& érigea en même temps le tout en titre de comté, fous le titre de
comté de la Rodde de Saint-Haon, pour être à l'avenir & à perpé-
tuité tenu à ce titre par le fieur de la Rodde de Saint-Haon & fes
enfants & fes defcendants mâles nés ou à naître en légitime mariage.

Henri-Hyacinthe-Céfar vivait encore en 1775, & n'avait alors que
quatre filles.

Sources : Bouillet, *Nobiliaire d'Auvergne*; Livre des Hommages aux évêques
du Puy; La Roque, *Armorial du Languedoc*; Généalogie manuscrite des familles
de Montlaur et de Maubec, au pouvoir de M. Chalayer, de Firminy; Arnaud,
Histoire du Velay; Archives, Hôp. général du Puy, B, 148; Guy Allard.

MONTBONNET

ONTBONNET n'eſt plus aujourd'hui qu'un ſimple village de la commune de Bains, canton de Solignac-ſur-Loire. Ce village eſt relativement conſidérable. Il ne compte pas moins de 56 maiſons & 247 habitants.

Sous le titre de *Panorama féodal,* dans ſon *Guide de l'étranger dans la Haute-Loire,* M. Malègue indique au touriſte le *ſombre donjon de Montbonnet.* C'eſt tout ce qui reſte de l'habitation ſeigneuriale.

En 1589, le château était au pouvoir des royaliſtes. Les Ligueurs y avaient une garniſon en 1593.

1° & 2° *FAMILLES DE MONTLAUR ET DE MAUBEC*

Les familles de Montlaur & de Maubec ont poſſédé ſucceſſivement Montbonnet. Il m'eſt impoſſible de dire à quelle époque commença la poſſeſſion de la première de ces familles. L'autre en devint maîtreſſe par le mariage que j'ai relaté plus haut.

3° *FAMILLE DE VESC*

ARMES : *Pallé d'or & d'azur de ſix pièces, au chef d'or.*

« Parmi pluſieurs familles qui floriſſaient, dit Guy Allard, ſous la domination des comtes de Valentinois de la maiſon de Poitiers, celle

de Vefc a tenu un des premiers rangs. Elle eft d'une nobleffe fi ancienne, que fon origine eft inconnue. » Le premier de cette maifon
que cite l'auteur, eft Hugonin, premier du nom, feigneur de Vefc &
de Montjoux, qui vivait vers 1180, & qui fit le voyage de la Terre
fainte.

Le même généalogifte fait connaître les alliances des de Vefc, &
il n'en énumère pas moins de feptante-deux, parmi lefquelles des
familles les plus diftinguées.

Jean de Vefc, furnommé le Gros, baron de Grimaud & de For-
calquier, feigneur de Carand, &c., époufa Fleurie de Montlaur, fille
de Louis de Montlaur, quatrième du nom, feigneur de Montlaur &
de Maubec, & de Philippe de Balzac. Il tefta le 8 novembre 1537,
mourut le 28 août 1548, laiffant quatre enfants dont aucun ne fuccéda à fon père pour Montbonnet.

4° *FAMILLE DE RAYMOND-MODÈNE*

Armes : *Au 1 d'azur à deux lances d'or pofées en fautoir, cantonnées de
quatre étoiles de même; au 2 de gueules à deux fafces d'argent; au 3 de
gueules au lion d'or armé & lampaffé de même; au 4 d'azur à la colombe
d'argent. Sur le tout d'azur à fix befants d'or, 3, 2, 1. — Aliàs : De
gueules à la croix d'argent, cantonnée de quatre coquilles de même.*

Fleurie de Maubec-Montlaur, fon premier mari étant mort, porta
fes biens &, entre autres, la baronnie de Montbonnet à la maifon
de Raymond-Modène, par fon fecond mariage avec Jacques de
Raymond-Modène, en 1551.

La famille de Raymond-Modène était originaire du Languedoc,
connue depuis le XIe fiècle, richement poffeffionnée dans le diocèfe
de Carpentras au XIIIe fiècle. Elle s'eft conftamment maintenue par
fes fervices & fes alliances au rang des familles les plus confidérables & les plus illuftres du comtat Venaiffin.

Les repréfentants de cette maifon figurent comme feigneurs de
Modène, de Crillon, d'Urban, de la Vifclède, de Montpezat, barons

d'Aubenas, comtes de Montlaur, marquis de Maubec, feigneurs puis comtes de Pomerols, barons puis comtes & marquis de Modène.

Elle a eu des alliances avec les de Montbrun, du Puy, de Beaux, de Mormoiron, de Cléron, d'Avignon, de Thoard, de Mevouillon, d'Agoult de Vefc, de Camargues, de Vénafque, de Villeneuve, de Saint-Martin, de Vefc, de Roftaing, de Maugiron, &c.

Il y eut du mariage de Jacques de Raymond-Modène avec Fleurie de Montlaur, un feul enfant, Guillaume-Louis de Raymond-Modène de Mormoiron, baron de Modène & d'Aubenas, marquis de Maubec, comte de Montlaur, feigneur de Montpezat, de Mayres, de Vals & de Montbonnet, grand bailli d'épée du Haut & Bas-Vivarais, du Valentinois & du Viennois. Il mourut en 1604. Il avait époufé, le 18 août 1577, Marie de Maugiron, fille de Laurent de Maugiron, comte de Montléans, baron d'Ampuis, chevalier de l'ordre du Roi & lieutenant général en Dauphiné, & de Jeanne de Maugiron de la Tivolière.

Guillaume n'eut que trois filles : Jacqueline, Marie & Marguerite. Nous verrons dans l'article fuivant comment par ces deux dernières Montbonnet échut à la famille d'Ornano.

5° *FAMILLE D'ORNANO*

ARMES : *Ecartelé aux 1 & 4 de gueules à la tour donjonnée d'or; aux 2 & 3 d'argent, au lion de gueules; au chef d'azur chargé d'une fleur de lis d'or.* — Aliàs : *Parti au 1er de gueules à une colonne d'argent furmontée d'une couronne d'or; au 2 de gueules au château d'or à trois donjons & deux lions de gueules à la porte, affrontés, armés & lampaffés de même, furmontés d'une aigle impériale à deux têtes d'or.*

La maifon Colonna d'Ornano eft une des plus anciennes de Corfe; elle defcend des anciens comtes de cette île. Elle a donné deux maréchaux de France & des officiers diftingués, chevaliers des ordres du Roi. Sanpiétro dit Baftelica, avait époufé, le 20 août 1528, Vanina d'Ornano, & fit la branche des maréchaux, éteinte en 1674. Après la mort de Sanpiétro, fon nom étant devenu odieux à caufe de fes cruautés, fon fils Alphonfe fe vit obligé de prendre le nom de fa mère.

Ce fut le fils d'Alphonfe, maréchal de France, qui devint maître de Montbonnet, en époufant, en 1608, Marie de Raymond-Maubec-Montlaur, fille de Louis de Raymond-Maubec-Montlaur & de Marie de Maugiron, veuve en premières noces de Philippe d'Agoult de Montauban de Vefc, baron de Grimaud, mort fans enfant.

Jean-Baptifte d'Ornano, nouveau baron de Montbonnet, fit de rapides progrès dans la carrière des armes. Capitaine de chevau-légers en 1596, il commandait, l'année fuivante, les compagnies corfes en qualité de colonel. Il fut enfuite nommé lieutenant général du Roi en Normandie, puis créé maréchal de camp & chevalier de l'ordre, en 1619, enfin élevé à la dignité de maréchal de France, le 7 janvier 1626. Enfermé au château de Vincennes par efprit de parti, il y fut, dit-on, empoifonné le 2 ou le 16 feptembre 1626, âgé de 45 ans feulement.

Il n'eut pas d'enfant de fon mariage avec Marie de Raymond-Modène. Celle-ci fut baronne de Montbonnet après la mort de fon mari. « En 1635, le fieur de Gratuze, commis de la maréchale d'Ornano, baronne de Montbonnet, dit Arnaud (t. II, p. 156), s'étant préfenté aux Etats, expofa que cette dame avait obtenu du Roi un arrêt portant que le gentilhomme qui ferait commis de fa part ferait admis à l'Affemblée, malgré qu'on n'eût pas voulu, l'année précédente, accorder à ce commis le droit de féance. »

Elle laiffa fes biens à fa nièce, Anne d'Ornano, la plus jeune des enfants de fa fœur Marguerite de Raymond-Modène, dame de Sar-pèfe, & d'Henri-François-Alphonfe d'Ornano, fieur de Mazarques, premier écuyer de Gafton de France, frère puîné du maréchal d'Ornano. Ce fut la maifon de Lorraine-Guife qui fuccéda à celle d'Ornano, de la manière que je vais dire.

6° *FAMILLE DE LORRAINE-GUISE*

ARMES : *Coupé de 4 en chef & 4 en pointe; le 1ᵉʳ faſcé d'argent & de gueules de 8 pièces, qui eſt Hongrie; au 2 ſemé de France, au lambel de 5 pendants de gueules, qui eſt Anjou-Sicile; au 3 d'argent, à la croix potencée d'or, cantonnée de 4 croiſettes de même, qui eſt Jéruſalem; au 4 d'or à quatre pals de gueules, qui eſt Aragon; au 1 de la pointe ſemé de France, à la bordure de gueules, qui eſt Anjou; au 2 d'azur, au lion cantonné d'or, couronné de même, armé & lampaſſé de gueules, qui eſt Gueldre; au 3 d'or, au lion de ſable, armé & lampaſſé de gueules, qui eſt Flandre; au 4 d'azur, ſemé de croix recroiſetées au pied fiché d'or, chargé de trois alérions d'argent, qui eſt Lorraine, au lambel de trois pendants de gueules en chef.*

ARMES DES DUCS D'ELBEUF : *De Lorraine-Guiſe, à la bordure de gueules.*

ARMES DES DUCS D'HARCOURT : *De Lorraine-Elbeuf, à la bordure chargée de 8 beſants d'or.*

Moréri donne la généalogie des ducs de Lorraine à partir de Gérard, qui vivait en 1048, juſqu'à Léopold-Joſeph, en 1694. Cette famille ſe fondit avec la branche d'Harcourt, dont les repréſentants ſe titraient comtes d'Harcourt, d'Elbeuf, de Brionne, de Lillebonne & d'Aumale, vicomtes de Châtelleraut, maréchaux héréditaires de Poitou.

Anne d'Ornano, héritière de ſa tante, la maréchale d'Ornano, porta Montbonnet & ſes autres biens à François de Lorraine-Guiſe, comte de Rieux, d'Harcourt, &c., troiſième fils de Charles de Lorraine, deuxième du nom, duc d'Elbeuf, & de Catherine-Henriette, légitimée de France.

Le nouveau maître de la baronnie vellavienne mourut le 27 juin, ne laiſſant qu'un fils, Alphonſe-Marie-Charles de Lorraine, né en 1648, marié en 1667 à Françoiſe de Brancas, d'où Anne-Marie-Joſeph de Lorraine, appelé le prince de Guiſe, qui, après avoir vendu, en 1716, la baronnie d'Aubenas à Cérice-François de Vogué, ne tarda guère de vendre celle de Montbonnet à Jacques de Geneſtet, ſeigneur de Séneujols.

7° *FAMILLE DE GENESTET*

ARMES : *D'azur au cœur ailé d'or.*

M. Julien de Beſſy, qui a donné une courte généalogie de cette famille, cite Jacques de Geneſtet, vivant vers le milieu du XVIIᵉ ſiècle. Il paraît que c'eſt là le premier auteur connu de cette maiſon dont on ignore l'origine. Jacques ſe titrait ſeigneur de Séneujols. Son fils, Jacques de Geneſtet, baron de Séneujols, avait épouſé Catherine Chrétien. Ce fut le fils de ces derniers qui acheta Montbonnet. Il s'était marié, en 1715, avec Marguerite Fay de La Tour-Maubourg. Il y eut de ce mariage, entre autres, deux enfants, dont l'un fut maître de Saint-Didier & d'Aurec, & l'autre, Claude-Jacques-Vincent, époux de Jeanne-Marie de Thélis, poſſéda Montbonnet juſ-qu'en 1786.

SOURCES : Généalogies manuscrites de M. Julien de Bessy, au pouvoir de M. Abel de Villeneuve, de Saint-Ferréol ; La Roque, *Armorial du Languedoc* ; Généalogies, par Guy Allard ; Moréri ; de Courcelles (t. VI) ; Lachesnaye-Desbois et Badier (t. XII).

SAINT-VIDAL

E village, qui était le fiège de la baronnie, fait partie du canton de Loudes & eft aujourd'hui chef-lieu de commune & de paroiffe. Le château, habitation des barons, eft un des plus beaux types de château fort que la féodalité a conftruits dans le Velay. Il a réfifté au temps & aux horreurs de la guerre & exifte dans un état à peu près complet de confervation. — Pendant le xvie fiècle il fut affiégé plufieurs fois. Le plus remarquable de ces fièges fut celui de 1591, alors que Chambaud, à la tête de 800 hommes, battit fes murailles de plus de 300 coups de canon dont on voit encore les traces. — En 1632, l'intendant du Languedoc y fit mettre nombreufe garnifon & enlever les canons qui fervaient à fa défenfe.

1° *FAMILLE DE GOUDET*

ARMES : (Inconnues.)

Qu'était cette famille, à quelle époque fut-elle poffeffionnée à Saint-Vidal? Il eft impoffible de répondre à ces queftions. Le Livre des Hommages aux évêques du Puy cite des hommages de trois générations de cette maifon pour le Villars de Saint-Vidal, Montvert, Montufclat, Montchàmp, Chave, le Mont, La Salce & le château de Beaufort, de 1285 à 1383. En l'an 1300, noble Guigon de Goudet fe titre feigneur du dit lieu & de Saint-Vidal.

2° *FAMILLE DE SAINT-VIDAL*

ARMES : *De gueules à la tour d'argent.*

« Cette maifon, dit Bouillet, paraît avoir une origine commune avec celle de la Tour-Saint-Paul, en Rouergue, & de la Tour-des-Bains, en Gévaudan. On peut du moins l'inférer de ce que les furnoms de Rochebonne & de Saint-Vidal fe rencontrent dans leurs preuves refpectives. »

La famille de Saint-Vidal était poffeffionnée à Barges, en Velay, avant de devenir maîtreffe de Saint-Vidal. On compte parmi fes principales alliances les de Goudet, de Joyeufe, de Moneftier, de Glavenas, de Saint-Prieft, de la Tourette, de Roquelaure, de la Forêt-Bulhon.

Au nombre de fes illuftrations figurent trois abbeffes de Belle-combe, un gouverneur de la ville du Puy, chef des Ligueurs, intré-pide homme de guerre qui fut tué en duel par Pierre de la Rodde, frère puîné du feigneur de Séneujols.

Elle fut maîtreffe de la baronnie jufqu'en 1582, époque où s'effec-tua le mariage entre Claire de la Tour-Saint-Vidal, fille de noble Antoine, avec Claude de Rochefort-d'Ailly.

3° *FAMILLE DE ROCHEFORT-D'AILLY*

ARMES : *Ecartelé aux 1 & 4 de gueules, à la bande ondée d'argent, accom-pagnée de fix molettes de même, qui eft de Rochefort-d'Ailly ; aux 2 & 3, d'or à la tour de gueules, maçonnée de fable, qui eft de la Tour-Saint-Vidal.*

Grande & illuftre maifon de chevalerie qui floriffait dès le com-mencement du XIᵉ fiècle, époque à laquelle Antoine de Rochefort & Marguerite, fa femme, héritière d'Ailly, fondèrent, en 1001, le prieuré de Bonnat, près de Maffiac.

Elle a produit un grand nombre d'hommes qui ont occupé des grades élevés, foit dans l'armée, foit dans l'Eglife, &, entre autres, un évêque de Bayonne, un de Cahors, & un cardinal évêque de Cambrai.

Parmi fes alliances, on remarque les noms de Montboiffier, de Royan, de Chalus, de Saint-Quentin, de Saint-Haon, de Montmorin, de Flageac, de la Roche-Aymon, de Châteauneuf-Rochebonne, d'Apchon, de Saint-Germain, de Vogué, de la Garde-Chambonas, &c., &c.

Claude de Rochefort-d'Ailly, marié à dame Claire de Saint-Vidal, était feigneur de Fortunier, de Vèze, de la Rochette & de Joferand. Il y eut de ce mariage trois fils qui laiffèrent poftérité.

4° FAMILLE DE DIENNE

ARMES : *D'azur, au chevron d'argent, accompagné de trois croiffants d'or.*

Les de Dienne fe titraient feigneurs de Dienne, de Chavagnac, du Cheylard, de Courbines, de Cheyladet, d'Allanche, de Mailhargues, de Montmorand, de Saint-Euftache, de Baladour, de la Pogeolie, de Curières, de Rouffon & autres lieux. Bouillet fait connaître chaque branche de cette race vraiment diftinguée.

Celui qui devint baron de Saint-Vidal appartenait à la branche des feigneurs de Chavagnac, de Courbines & autres places. Je crois que ce fut Gabriel de Dienne, marié en premières noces à Marthe de Caffagne-Beaufort-Miramont, & en deuxièmes noces à Marguerite de Rochefort-d'Ailly, qui, le premier de fon nom, entra en poffeffion de Saint-Vidal. Arnaud, dans fon *Hiftoire du Velay,* cite comme poffeffeur de la baronnie, Pierre de Dienne, fils iffu du fecond mariage de Gabriel. Il eft plus que probable que la famille de Dienne entra en poffeffion de Saint-Vidal par le fecond mariage de Gabriel, ou peut-être la feigneurie lui vint-elle par héritage de fes oncles.

Les de Dienne n'étaient plus à Saint-Vidal en 1748.

5° *FAMILLE DE ROCHEFORT-D'AILLY*

ARMES : *De gueules à la bande d'argent, accompagnée de six merlettes de même, mises en orle.*

Saint Vidal fut acquis, le 22 juillet 1748, par Pierre-Joseph de Rochefort, marquis d'Ailly, seigneur de Thiolent & baron de Prades. L'Assemblée des Etats du Velay tenue le 22 avril 1754 admit le nouveau possesseur de la baronnie à prendre séance, en sa qualité de baron de Saint-Vidal.

Pierre-Joseph appartenait au rameau de Rochefort-d'Ailly, qui se titrait seigneurs de Prades, de Pradel, de la Rochette, de Thiolent & Pomperan. C'est de ce rameau que sortirent Henri-Louis de Rochefort, évêque de Châlons, mort en 1753, & Charles de Rochefort, créé maréchal de camp en 1769.

6° *FAMILLE PORRAL*

ARMES : *D'azur à un Saint-Esprit d'argent, enflammé de gueules.*

Famille originaire d'Italie. — Claude Porral, célèbre médecin, était établi à Lyon aux premières années du XVIe siècle, & fut anobli par la protection de Sébastien de l'Aubépin. Son fils, Claude Porral, médecin de Marguerite de Valois pendant son exil au château d'Usson, près d'Issoire, en Auvergne, vint se fixer au Puy, & c'est de lui que sont venus les Porral résidant dans cette ville.

Le membre de cette maison qui acquit du marquis d'Ailly la terre de Saint-Vidal, fut Louis-Augustin Porral, conseiller en la sénéchaussée & siège présidial du Puy. Le vendeur, Pierre-Joseph de Rochefort, avant que l'acte ne fût passé devant notaire, demanda aux Etats du Velay, assemblés en 1765, son agrément pour s'en réſerver le titre de baronnie, & le transféra ſur ſa terre de Bauche. Il fut acquieſcé à ſa demande (1).

Sources : Arnaud, *Histoire du Velay (passim)*; Bouillet, *Nobiliaire d'Auvergne*; Livre des Hommages aux évêques du Puy; La Porte, *Histoire de l'Aubépin, en Jarez.*

(1) Je trouve dans Arnaud (t. II, p. 433), la note suivante : « Jacques-Charles de Pollalion de Glavenas, ancien officier au régiment d'Auvergne et ancien lieutenant des maréchaux de France, chevalier de l'Ordre royal et militaire de Saint-Louis, acquit de M. le comte d'Apchier le titre de baronnie assis sur la terre de Saint-Vidal, et obtint du Roi, d'après le consentement des Etats du Velay, la translation de cette baronnie sur la terre de Glavenas. » — On sait que le titre de baronnie n'était plus assis sur la terre de Saint-Vidal et avait été transféré sur celle de Bauche, en 1765. — Ce fut sans doute le même titre qui subit une nouvelle translation à l'époque indiquée.

LARDEYROL

UJOURD'HUI Lardeyrol eſt chef-lieu de paroiſſe & de commune, & on le dénomme *Saint-Etienne-Lardeyrol*. Il était connu autrefois ſous le nom de *Saint-Etienne de Combriol (Sanctus Stephanus de Combrolio)*, d'après le Cartulaire de Chamalières, n° 189. L'antique manoir exiſtait dès les premiers temps de la féodalité. Au numéro cité, un certain Guido & ſon épouſe, appelée Barnelde, donnent au couvent, ſous le règne du roi Robert *(regnante rege Roberto)*, une menſe ſituée *in mandamento caſtri de Lardariolo*. De nos jours, il n'exiſte des anciennes conſtructions que quelques ruines informes.

1° FAMILLE· DE ·LARDEYROL

ARMES : (Inconnues.)

Je ne connais qu'un membre de cette famille. Il eſt cité par le Cartulaire de Chamalières au n° 17, & avait nom Boſon de Lardeyrol. Il était chanoine du Puy & aſſiſte comme témoin à un échange qui s'opère, ſous Robert-le-Pieux, entre Gilbert, chanoine de la même ville, & Jehan, prieur du monaſtère de Saint-Gilles.

2° *FAMILLE DE GLAVENAS*

ARMES : *Ecartelé aux 1 & 2 d'or, à l'aigle de fable; aux 2 & 3 de
gueules à trois rochers d'argent.*

La famille de Glavenas eſt connue depuis la fin du XIᵉ ſiècle. Elle
avait pris ſon nom de la terre de Glavenas. Le n° 53 du Cartulaire
parle du *podium de Glavenas* qui fut donné au monaſtère, *regnante
rege Roberto.* Sous le roi Philippe Iᵉʳ, Auſtorge de Glavenas concède
au monaſtère, d'après le n° 41, *une menſe à Bedals, qui eſt appelée
Piſa.*

Je ne ſais quel fut le premier de ce nom qui devint maître de
Lardeyrol. Le Livre des Hommages aux évêques du Puy cite,
pour 1308, noble Pons de Glavenas, ſieur de Lardeyrol, qui reconnaît tenir en fief de l'évêque du Puy le château de Lardeyrol. Ne
ſerait-ce pas le premier de ſon nom à la baronnie dont il s'agit?
Arnaud (t. II, p. 430) cite comme poſſeſſeurs de Lardeyrol, Tanneguy de Glavenas pour 1494, & Amblard de Glavenas pour 1520.

3° *FAMILLE DE MARCENAT*

ARMES : *De gueules, au chevron d'argent, accompagné de trois roſes
de même.*

Cette maiſon portait le nom du bourg de Marcenat, ſitué dans les
montagnes du Cantal. A cette famille appartenaient Avit & Antoine
de Marcenat, chanoines comtes de Brioude en 1373, de même que
Raymond & Jean de Marcenat, abbés de Mauzac, de 1459 à 1502.

Amblard de Glavenas ayant été le dernier de ſa race à Lardeyrol,
je regarde comme très probable que la famille de Marcenat devint
maîtreſſe de la baronnie par le mariage d'un de ſes membres avec
une fille d'Amblard.

4° *FAMILLE DE POLIGNAC-ADIAC*

Armes : (Inconnues.)

Arnaud (page 439) cite comme poffeffeur de la baronnie en 1598, François de Polignac, fieur d'Adiac. Je ne fais comment les Polignac devinrent feigneurs d'Adiac, ni comment ils entrèrent à Lardeyrol. D'après l'auteur cité, François de Polignac, feigneur d'Adiac, baron de Lardeyrol, chevalier de l'ordre du Roi, affifta aux Etats en 1598.

5° *FAMILLE D'AUZON-MONTRAVEL*

Armes : *Ecartelé d'or & d'azur.*

Famille d'origine chevalerefque, dit Bouillet, dont le nom d'Auzon lui vint d'une petite ville au-deffous de Brioude. La baronnie d'Auzon fut portée par Bompard d'Auzon dans la maifon de Montmorin. Une branche puînée, feigneurs de Montravel, a exifté longtemps après & s'eft alliée aux maifons de Montmorin, de Polignac, d'Urfé & autres.

François d'Auzon, feigneur & baron de Montravel & de Lardeyrol, fut, je crois, le premier & le dernier de fon nom dans notre baronnie. En 1628, d'après Arnaud, il obtint du Roi l'établiffement par lettres patentes, de deux foires au bourg de Lardeyrol.

6° *FAMILLE DE SAINT-MARTIAL*

Armes : *D'azur, aux rais d'efcarboucle d'or, boutonnés de gueules.*

Maifon ancienne & très diftinguée, une des plus marquantes de la Haute-Auvergne. Le premier de cette famille qui poffèda Lardeyrol, fut Hercule de Saint-Martial, que cite Arnaud. Il était baron de Drugeac, de Saint-Cirgues, de la Clarétie, de Saint-Martin & de Saint-

Luc. En fa nouvelle qualité il affifta aux Etats du Velay en 1637. Il
était fils de François de Saint-Martial & de Louife de Polignac. Il
fut marié deux fois : 1° le 20 novembre 1634, avec Jeanne-Marie de
Polignac, fille de Gafpard-Armand & de Françoife de Tournon;
2° le 6 juin 1643, à Judith de la Tour-du-Pin-Gouvernet. Maintenu
dans fa nobleffe en 1666. — Je n'ai pu découvrir comment il devint
maître de Lardeyrol.

7° FAMILLE D'AUROUZE DE CUSSE

ARMES : *D'or à la fleur de lis de gueules.*

Cette nouvelle famille portait le nom de Cuffe, d'une feigneurie
de ce nom en Auvergne. Celui d'Aurouze lui venait du fief d'Aurouze, près de Paulhaguet. Elle était connue auffi fous la dénomination de Saint-Quentin, d'une propriété de Saint-Germain-Lem-
bron.

On n'eft pas d'accord fur la famille de la femme de Jean d'Aurouze de Cuffe qui poffeda Lardeyrol. Les uns l'appellent Hélène
de Ponthis, dame de Cuffe; les autres, d'après la généalogie de
Montboiffier, Félicité de Polignac. Arnaud ne cite pas cette famille,
& pendant un certain efpace de temps la baronnie ne fut reprefen-
tée aux Etats que par des envoyés.

8° FAMILLE DE MONTBOISSIER-CANILLAC

ARMES : *Ecartelé aux 1 & 4 d'argent, à la bande d'azur, accompagnée
de fix rofes de gueules en orle, qui eft de Beaufort; aux 2 & 3 d'azur,
au lévrier rampant d'argent & à la bordure crénelée d'or, qui eft de
Canillac; fur le tout d'or, femé de croifettes de fable, au lion de même
brochant, qui eft de Montboiffier.*

« Les premiers monuments qui font connaître la famille de
Montboiffier, dit Bouillet, la reprefentent avec des caractères de
grandeur & d'illuftration qui ne font le partage que d'un très petit

nombre de familles, même de celles que l'on confidère, à jufte titre, comme les premières & les plus confidérables du royaume.

« Cette exiftence élevée, ajoute-t-il, a été foutenue par 800 ans de fervices rendus à la patrie & à la religion, & par des illuftrations que l'hiftoire a confacrées. »

Ce fut au XIIe fiècle que cette maifon fut appelée à recueillir les biens des feigneurs de Canillac, dernière branche furvivante de la maifon de Roger de Beaufort, à la charge d'en perpétuer les armes & les fouvenirs.

Elle entra dans la baronnie de Lardeyrol par le mariage d'un de fes membres avec une fille des précédents, vers la fin du XVIIe fiècle. A la page 285, tome II, Arnaud cite comme affiftant aux Etats, en 1738, Louis de Laval, feigneur de Beaufort & de Lardeyrol. Cette maifon ne conferva pas longtemps le titre de baron de Lardeyrol.

9° *FAMILLE LAMYC*

ARMES : *D'azur à deux étoiles d'argent, avec un croiffant chargé d'une fleur de lis d'or.*

Le Journal d'un bourgeois du Puy, cité par les *Tablettes*, porte : « Noble Ignace Pafcal Lamyc & fon fils, capitoul de Touloufe, font arrivés au Puy, aujourd'hui 30 mai 1730, l'efpée au côté. » D'après Arnaud, Ignace Pafcal était feigneur & baron de Lardeyrol dès 1738. Il était alors receveur des impofitions du diocèfe. Il fut maire alternatif de la ville du Puy.

10° *FAMILLE DE VEYRAC*

ARMES : *Ecartelé aux 1 & 3 de gueules à trois pals d'or, aux 2 & 4 d'azur, au chevron d'or, accompagné en pointe d'un lion de même, au chef coufu de gueules, chargé de trois étoiles d'or.*

Il eft queftion de cette famille dès le XIIIe fiècle. Les hommages & les cartulaires de l'Auvergne en font mention. Il n'eft pas en mon

pouvoir de faire connaître l'époque précife où elle entra en poffeffion de Lardeyrol. Ce dut être évidemment vers le milieu du
XVIIIᵉ fiècle. Le premier de fon nom connu comme poffeffeur de la
baronnie, eft Jean-Jacques de Veyrac, feigneur de Châteauneuf, qui,
d'après Arnaud, en était maître en 1763. Il eut pour fucceffeur
Jacques-Antoine de Veyrac, auquel on donne le titre de feigneur
de la Valette, & que l'auteur cité dit en poffeffion dès 1767 : « L'année fuivante, Jean-Jacques de Veyrac, fils de Jacques-Antoine de
Veyrac de Maifonfeule, écuyer, feigneur de la Valette, baron de Lardeyrol, & de Marie Bellut de Trintinhac, fe préfenta comme héritier de fon père & particulièrement de la terre & baronnie de Lardeyrol. Les Etats l'admirent à prendre féance. Ce fut le dernier de
cette famille à Lardeyrol, dont il était maître encore en 1789. »

SOURCES : Bouillet, *Nobiliaire d'Auvergne* ; Arnaud, *Histoire du Velay (passim)*,
mais surtout page 432 ; Journal d'un bourgeois du Puy, reproduit par les *Tablettes* ; Cartulaire de Chamalières ; Livre des Hommages aux évêques du Puy ;
Renseignements particuliers.

VACHÈRES

ETTE localité, qui jouissait du privilège d'être le siège d'une baronnie diocésaine, est située dans le canton de Pradelles, commune de Présailles. C'est aujourd'hui un simple village de 46 maisons & 209 habitants. Le vieux manoir est intact & l'un des mieux conservés du Velay. Tout y est dans un état parfait de conservation. Ses caractères architectoniques dénotent un monument des premiers temps de la féodalité. Quelque opinion que l'on ait sur le régime d'autrefois, on aime à voir ces demeures d'un autre âge, avec leurs tourelles élégantes, leurs meurtrières & tout cet attirail de défense ou d'embellissements qui en étaient l'accompagnement obligé.

Au château de Vachères, le touriste n'a pas seulement à admirer la construction elle-même & ses alentours, il peut encore visiter avec plaisir ce qui se trouve à l'intérieur. Le premier étage se compose de quatre pièces. Le salon est stylé Louis XV. On y admire des peintures grisailles en panneaux bordés de boiseries dorées, très pures, & deux consoles même style; une pièce est garnie de tapisseries Beauvais, meubles assortis, & deux pièces de belles tapisseries Aubusson. Il existe au deuxième étage des tapisseries à l'écureuil & autres.

1° FAMILLE DE MONTLAUR

Armes : *D'or au lion de vair, armé, lampassé & couronné de gueules.*

Même famille & mêmes armes que celle dont il a été question dans un des articles précédents. Ce fut, à ce qu'il paraît, la première

maifon qui poſſéda Vachères, mais on ignore l'époque où elle commença à ſe titrer de cette baronnie. Je vais dire comment la ſeigneurie paſſa à la famille ſuivante.

2° *FAMILLE DE ROCHE*

ARMES : *Mi-parti d'argent & de ſable, au chevron brochant d'argent ſur
le ſable & de ſable ſur l'argent, accompagné en pointe d'un rocher à trois
coupeaux de ſinople.*

Il a été queſtion de cette famille à propos de Roche-en-Régnier.
Le premier qui figure comme maître de Vachères eſt Guigon V de
Roche, qui entra en poſſeſſion de la baronnie vers 1308. Il en rendit
hommage à Bernard de Caſtanet, le 2 juillet de l'année ſuivante.
Il eſt dit, dans l'acte d'hommage, que Vachères comme les autres
poſſeſſions y mentionnées lui proviennent d'un arrangement fait
entre lui & le ſeigneur de Roche, ſon père, d'une part, & le ſeigneur de Montlaur, de l'autre.

3° *FAMILLE DE LÉVIS-LAUTREC*

ARMES : *D'or à trois chevrons de ſable ſuperpoſés, au lambel de même
à trois pendants de gueules.*

Vachères échut par héritage à Guigonnet, Guigon ou Guy de
Lévis-Lautrec, fils de Philippe II, & de James de Roche, fille de
Guigon VI, & de Guiote, dame de Bouſſan & de Bellegarde, petite-
fille de Guigon V mort après ſon fils, ſixième du nom & dernier
mâle de ſa race. Des difficultés ayant été ſoulevées à propos des biens
échus à Guigonnet, Philippe de Lévis, en qualité de tuteur de ſon
fils, obtint des défenſes à Guillaume de Tournon & à Odon, ſon
frère, ſous peine de 2,000 marcs d'argent, de troubler le dit Guigonnet dans la libre poſſeſſion des châteaux de Roche, d'Artias, &c.
Vachères figure parmi les propriétés énumérées.

4° *FAMILLE DE BOURBON*

ARMES : *D'azur à trois fleurs de lis d'or, à la cotice de gueules.*

Le duc Jean de Bourbon, d'abord maître de Vachères, échangea cette baronnie contre la feigneurie d'Argental, à la fin du XVe fiècle. Voici comment Lamure mentionne cet échange, *Hiftoire des ducs de Bourbon & comtes de Forez* (t. II, p. 317) : « L'année 1481, le vertueux Jean de Bourbon, évêque du Puy, oncle naturel de ce duc (Jean II), lui remit & tranfporta, pour la joindre au domaine de fon comté de Forez, la feigneurie d'Argental que ce prélat avait acquife de Marguerite de Montchenu, femme de Brémond de Brion. En confidération duquel tranfport, le duc lui laiffa la feigneurie de Vachères & la moitié de celle de Retournac en Velay. »

5° *FAMILLE DE LÉVIS-VENTADOUR*

ARMES : *Écartelé, au 1 bandé d'or & de gueules, au 2 d'or à trois chevrons de fable, au 3 de gueules à trois étoiles d'or, 2 & 1, au 4 d'argent au lion de gueules : un écuffon en abîme échiqueté d'or & de gueules.*

La baronnie de Vachères fit retour à la branche de Lévis, qui fe titrait : feigneurs de Lavoûte & de Miribel. Après la mort de Jean de Bourbon, Louis de Lévis, fire de Miribel, ne perdit pas fon temps &, le 26 décembre 1485, il fe faifait donner purement & fimplement par le duc Jean II, qui venait d'en hériter, cette baronnie de Vachères jufque-là fi convoitée & fi difputée, & par contre la maifon de Bourbon rentra en jouiffance de Roche, Artias & Malivernas.

6° *FAMILLE DE LA MOTTE-BRION*

ARMES : *De gueules à l'aigle éployée à deux têtes d'or.*

Vachères, qui avait été au pouvoir des maîtres de Roche-en-Régnier pendant plus de deux fiècles, appartenait à la maifon de la Motte-Brion dans les premières années du XVIIe fiècle.

La Roque, *Armorial de la nobleſſe du Languedoc,* cite Guillaume de la Motte, gentilhomme ordinaire de la chambre du Roi, qui avait épouſé Gabrielle de Chambaud en 1556. Ce fut ſon petit-fils, René de la Motte, ſieur de la Motte-Brion, qui devint baron de Vachères, je ne ſais de quelle manière. Il poſſédait la baronnie dès 1634, & avait pour épouſe Paule de Clermont. Il fut maintenu dans ſa nobleſſe par jugement ſouverain, le 16 décembre 1668.

7° *FAMILLE DE SASSENAGE*

ARMES : *Burelé d'argent & d'azur, au lion de gueules brochant, armé, lampaſſé, couronné d'or.*

Saſſenage était une des quatre grandes baronnies du Dauphiné qui donnait droit à ſes poſſeſſeurs de ſiéger aux Etats comme députés nés & perpétuels. La famille de Bérenger était maîtreſſe de cette baronnie depuis la première moitié du XIVᵉ ſiècle, & ce fut à cette époque qu'elle échangea ſon nom pour celui de Saſſenage, ſous lequel elle fut connue par la ſuite.

René Iſmidon, comte de Saſſenage, était maître de Vachères aux premières années du XVIIIᵉ ſiècle. Il était fils de Charles-Louis-Alphonſe, baron de Saſſenage, & de Clauda de la Motte, ſa deuxième femme. Il était né en 1672, & mourut en 1730.

8° *FAMILLE DE MAILHET*

ARMES : *D'azur à trois maillets d'argent, 2 & 1.*

Cette famille porte la couronne de marquis comme Mailhet, & le titre de baron comme Vachères. Les ſupports des armes ſont deux levrettes.

En 1695, il fut aſſis & perçu une taxe pour le ban & arrière-ban de la ſénéchauſſée du Puy ſur les nobles & autres poſſédant des fiefs, tènements nobles & rentes. Pierre de Mailhet de Vachères fut compris dans ce rôle pour fes biens nobles. — Le 19 avril 1746, noble Honoré de Mailhet, qui avait acquis de René Ifmidon, comte de Saffenage, la baronnie de Vachères, le 19 avril 1720, demanda d'être admis en qualité de baron dans l'Affemblée des Etats. Après examen de fes preuves de nobleffe & deux lettres écrites au fujet de fon admiffion par le comte de Saint-Florentin, fecrétaire d'Etat, à l'évê-que du Puy, il fut admis à prendre rang & féance en qualité de baron de Vachères. — En 1753, les Etats admirent à prendre rang & féance, en qualité de baron de Vachères, Jean-Antoine-Auguftin de Mailhet, qui venait de fuccéder à cette baronnie par la mort d'Honoré de Mailhet, fon père.

La maifon de Mailhet était repréfentée au commencement de ce fiècle par noble Hugues-Amable-Albert-Auguftin-Benoît de Mailhet, & elle l'eft aujourd'hui : 1° par M. le baron de Mailhet; 2° par Mᵐᵉ la comteffe de Salmon de Locray; 3° par Mᵐᵉ la marquife de Château-neuf-Randon; 4° par Mᵐᵉ la comteffe de Corfac.

Cette famille a eu des alliances avec les maifons de Rochemore, de Vogué & d'Agrain, & a produit un évêque de Tulle.

Sources : M. Truchard Du Molin, *Baronnie de Roche-en-Régnier;* Arnaud, *Histoire du Velay;* La Roque, *Armorial du Languedoc;* Bouillet, *Nobiliaire d'Auvergne;* Chorier, *Histoire de la maison de Sassenage.*

LOUDES

OUDES eft un chef-lieu de canton, à 836 mètres au-deffus du niveau de la mer. Il y avait autrefois un château fort, qui a difparu. Il ne fubfifte qu'une feule tour de l'habitation feigneuriale qui vit fucceffivement les familles de Loudes, de Gorfe, des Serpents & de Polignac. Là, comme ailleurs, les évènements & le temps ont fait des ruines.

1° *FAMILLE DE LOUDES*

ARMES : (Inconnues.)

Cette maifon ne m'eft connue que par le mariage d'une fille avec un repréfentant de la famille fuivante. Je ne fais rien ni fur fon origine, ni fur fes alliances, ni fur quoi que ce foit de ce qui la regarde.

2° *FAMILLE DE GORSE*

ARMES : (Inconnues.)

Famille d'origine vellavienne, dont le premier qui apparaît dans l'hiftoire eft Pierre de Gorfe, qui rendit hommage à l'évêque du Puy de fa feigneurie de Gorfe, fituée dans la commune actuelle de Beaux, de 1291 à 1309, & de la moitié d'un fief qu'il avait à Retournac & qu'il tenait au nom de fa femme.

Un de fes defcendants, du même prénom, devint feigneur de Vaux, on ne fait de quelle manière, vers le milieu du xve fiècle, & baron de Loudes à peu près à la même époque, par fon mariage avec noble Antonia de Loudes.

En 1486 & le 14 octobre, Claude de Gorfe, fils des précédents, reçoit avec fa mère, que l'on titre dame de Loudes, une reconnaif-fance pour le lieu de Paillaroux. C'était là fans doute le fief dont le premier de Gorfe tenait la moitié dans la paroiffe de Retournac, au nom de fa femme. Les de Gorfe ne furent guère maîtres de Loudes que pendant cent ans.

3° *FAMILLE DESSERPENTS*

ARMES : *D'or au lion d'azur.*

« La famille de Serpents, des Serpens, Defferpents ou d'Ifferpents, dit M. Denais, *Tablettes hifloriques du Velay* (t. V, page 62), qui tire fon origine du village d'Ifferpents, en Bourbonnais, était une des plus importantes au xviie fiècle, par fes alliances avec les premières maifons de France, parmi lefquelles on compte celles de Foudras en Lyonnais, de la Guiche du Mâconnais, de la Souche, de Roche-baron, de Polignac, de la Rochefoucauld.

Le premier de ce nom qui paraît être venu dans le Velay, fut Gilbert des Serpents, qui devint baron de Loudes par fon mariage avec Françoife de Gorfe. Gilbert était gentilhomme de la chambre de Roi & chevalier de l'ordre, gouverneur de la citadelle & ville du Mâcon.

Ce fut leur petit-fils, Claude des Serpents, fils à Philibert & à Marguerite de la Guiche, qui hérita des biens de fa maifon, auxquels il ajouta la baronnie de Rochebaron, en fe mariant, le 23 décem-bre 1618, avec Antoinette de Chalencon-Rochebaron, fille de Fran-çois II de Chalencon-Rochebaron, & de dame Marguerite Daumont.

Nous verrons dans l'article fuivant comment Loudes paffa des Defferpents à la famille de Polignac.

4° *FAMILLE DE POLIGNAC*

Armes : *Fafcé d'argent & de gueules de fix pièces.*

Des trois enfants iffues du mariage de Claude des Serpents & d'Antoinette de Rochebaron, Suzanne époufa Louis-Armand, vicomte de Polignac; Catherine eut pour époux Louis de la Rochefoucauld, & Gabrielle, Louis-Antoine de la Rochefoucauld, frères. Dans le partage des biens de Rochebaron, Loudes échut à Louis-Armand de Polignac.

Celui-ci était fils de Gafpard-Armand de Polignac, vicomte de Polignac, marquis de Chalencon, fieur de Randon, capitaine de cent hommes d'armes, gouverneur du Puy, chevalier du Saint-Efprit, & de Françoife de Tournon. Il n'eut, de Suzanne des Serpents, qu'une feule fille, nommée Catherine, qui entra au couvent des Carmélites à Paris. — Marié en fecondes noces, le 17 février 1648, à Ifabelle-Efprite de la Baume-Montrevel, il eut de ce mariage, entre autres enfants, Melchior, cardinal de Polignac, commandeur de l'ordre du Saint-Efprit, membre de l'Académie françaife, archevêque d'Auch, ambaffadeur extraordinaire à Rome, grand maître de l'ordre du Saint-Efprit de Montpellier.

La famille de Polignac poffeda Loudes jufqu'à la Révolution françaife.

Sources : La Roque, *Armorial du Languedoc; Tablettes hiforiques du Velay,* à l'endroit cité; Notice historique sur la paroisse de Bas, manuscrite; Notes fournies par M. Fraisse sur la maison de Gorse.

JONCHÈRES

ONCHÈRES, qui fait partie de la paroiſſe de Rauret & du canton de Pradelles, n'eſt de nos jours qu'un tout petit village compoſé de quatre maiſons & d'une quinzaine d'habitants. Le château où réſidaient les maîtres de la baronnie, n'eſt plus qu'une ruine, & par ce qu'il en reſte il ſerait difficile de ſe faire une juſte idée de ce qu'il fut autrefois. Là où étaient jadis le mouvement & la vie, il n'y a plus à notre époque que le calme dans lequel vivent pour l'ordinaire les paiſibles habitants des campagnes. Plus de ces fêtes qui ſe célébraient au vieux manoir dans certaines circonſtances, plus de ces chevauchées qui émerveillaient tous les alentours, plus de ces noces où les vaſſaux accouraient en foule pour contempler la nouvelle fiancée, lui préſenter leurs très humbles hommages & s'acquitter envers le vieux baron des devoirs qui leur incombaient dans de pareilles occaſions, &c. Tout cela ne vit plus que dans le ſouvenir.

1º *FAMILLE DE PRADELLES*

ARMES : (Inconnues.)

Il eſt queſtion de cette maiſon dès 1285. A cette époque elle poſſédait, d'après le Livre des Hommages aux évêques du Puy, la quatrième partie de la tour de Jonchères. Un membre de cette famille, fils d'Hébrard de Pradelles, faiſait hommage pour le même objet en 1343. Outre ce qu'ils poſſédaient à Jonchères, les de Pradelles étaient encore conſeigneurs de la ville dont ils portaient le nom, & tenaient en fief le lieu du Cros, le terroir de Pomeyrols & d'autres poſſeſſions à Serres & à Joncherettes. — Je ne ſais ſi ce fut là la première famille poffeffionnée à Jonchères, depuis quelle époque elle était maîtreffe de la baronnie, d'où elle venait & avec qui elle partageait la feigneurie au XIIIe fiècle.

2° *FAMILLE DE VILLATE*

ARMES : (Inconnues.)

A en juger par le Livre des Hommages aux évêques du Puy, cette maifon, dont je ne connais pas les alliances, était très puiffante par les biens qu'elle poffédait foit à Jonchères, foit à Pradelles, foit dans un grand nombre de paroiffes voifines.

En 1285, noble Villate reconnaît tenir en fief de l'évêque du Puy la juridiction mère, mixte, impère & tout ce qu'il a au château de Jonchères & mandement. En 1289, le même feigneur eft *condempné* à reconnaître en fief de Guillaume, fieur de Randon, le lieu de Pradelles. — En 1343, noble feigneur Villate de Pradelles, chevalier, eft dit cofeigneur de Jonchères. — Quarante ans plus tard, Gilles Villate, héritier de Pons, reçoit la même qualification dans un hommage rendu par lui, & de plus il eft dit poffeffeur de la juftice, mère, mixte, & de la juridiction haute & baffe au château & mandement de Jonchères.

3° *FAMILLE DE BELVÉZER*

ARMES : *De gueules au lion d'or.*

Originaire du Vivarais, d'après Audigier, & d'Auvergne, d'après d'autres. La Roque la dit l'une des plus importantes du Velay. Le nom de Belvézer, au rapport de M. Charles Calemard de la Fayette, *Couronnement de Notre-Dame de Pradelles* (p. 120), figure dès le XIVe fiècle avec un rang diftingué, dans les montres & revues, & auffi dans une foule de fondations pieufes.

On compte fes alliances parmi les maifons d'Arpajon, Dentil de Ligonnés, de Bénévent-Rhodez, de Saint-Nectaire, d'Efpinchal, de Quefnel, de Vegny-d'Arbouze, de Dienne, de Douhet, du Prat, de Charpin de Genetines, &c., &c.

Devenus barons de Jonchères par le mariage qui eut lieu vers le milieu du xvi⁰ fiècle, entre noble Jean de Belvézer & demoifelle Gilberte Villate, les de Belvézer la poffédaient encore en 1669, époque où François de Belvézer, fieur & baron de Jonchères, fut maintenu dans fa nobleffe avec Guion, fon oncle, prieur & feigneur de Langogne.

François de Belvézer s'était marié, le 3 décembre 1645, à Françoife de Quefnel, & par cette union était devenu maître de la feigneurie de Saint-Juft-près-Chomelix, qui paffa avec Jonchères à la famille fuivante, vers le commencement du xviii⁰ fiècle.

4° *FAMILLE DE SAINT-ANDRÉ*

Armes : *D'azur à un fautoir aléfé d'or, au chef d'or chargé de trois fautoirs aléfés d'azur.*

La famille de Saint-André était originaire de Bourgogne, mais Pierre de Saint-André, qui devint baron de Jonchères en fe mariant, le 24 décembre 1699, avec Marguerite de Belvézer, héritière de fa maifon & de la baronnie, était né à Paris & baptifé à l'églife de Saint-Jean-en-Grève, le 27 janvier 1672. Il fut maintenu dans fa nobleffe par jugement des commiffaires généraux du Confeil à Paris, le 26 août 1706, & fa production lui donne les qualités de baron de Beffons, capitaine de cuiraffiers dans le régiment du Roi. Il était fils d'autre Pierre de Saint-André, fieur de Villeneuve, & de Marie Aymedieu. Arnaud, dans fon *Hifloire du Velay,* ne le fait connaître que fous le nom de marquis de Saint-Juft.

Sa veuve portait le même titre, quoique du vivant de Chriftophe de Belvézer, fon père, la feigneurie de Saint-Juft qui leur venait de Jean de Quefnel, eût été entre les deux filles de ce dernier l'objet d'un partage & de longues conteftations. Arnaud la donne comme baronne diocéfaine pour 1737. Elle était nièce de Françoife de Belvézer, fille de Jean & de Françoife de Quefnel, mariée le 31 décembre 1683 à Emmanuel de Charpin, comte de Genetines.

Marguerite de Belvézer mourut en 1737, ne laiffant qu'une fille, Marie-Louife de Saint-André, qui époufa, le 2 juillet 1721, Jofeph-Louis de Nicolaï.

5° FAMILLE DE NICOLAÏ

ARMES : *D'azur au lévrier courant d'argent, coll. de gueules bordé & bouclé d'or.*

Cette maifon, illuftrée par une fuite non interrompue de premiers préfidents en la Chambre des Comptes de Paris, eft d'ancienne nobleffe de Vivarais, & s'eft divifée en deux branches principales.

Jofeph-Louis de Nicolaï, qui fut baron de Jonchères & feigneur de Saint-Juft après fa belle-mère, avait époufé Marie-Louife de Saint-André, à l'époque indiquée plus haut. Il appartenait à la branche dite de Sabran & de Cavillargues, & était cofeigneur de la ville de Bagnols.

Un fils né de ce mariage, Guillaume-Scipion, marquis de Nicolaï, lieutenant du Roi de la province de Languedoc, demeurant en fon château de Cavillargues, vendit, par acte paffé à Pradelles le 26 avril 1781, en forme authentique, précédé d'un acte fous feing privé, fait à Avignon le 15 août 1780, la baronnie de Jonchères, au prix de 180,000 livres, à M. Jean-Guillaume Sauzet, fieur de la Sauvetat, demeurant en la ville du Puy.

6° FAMILLE DE SAUZET

ARMES : *Parti au 1 d'or à l'aigle éployée de fable à deux têtes, à la bordure d'azur, femée de fleurs de lis d'argent, qui eft de Salvaing de Boiffieu; au 2 de gueules à la bande d'or, chargée de trois abeilles de fable, qui eft de Sauzet de Saint-Clément. Cimier : une aigle naiffant d'or à deux têtes, aux becs ouverts, de l'un defquels fort un rouleau avec le cri de guerre : « A Salvaing le plus Gorgias; » de l'autre, cette devife : « Que ne ferais-je pour elle! » Supports : deux aigles d'or aux têtes contournées, tenant chacune à fon bec une bannière de gueules à la croix d'or.*

Nous avons vu, dans l'article précédent, comment & par qui fut acquife la baronnie de Jonchères, en 1780. Jean-Guillaume Sauzet était héraut d'armes de France, docteur médecin, « dont les généreux fervices, dit M. Calemard de la Fayette, & la piquante & originale phyfionomie revivent dans de récentes publications. » *(Vie de Madame de Montaigu.)*

« La famille Sauzet a donné, dit le même auteur, au tribunal civil du Puy un magiftrat confidérable & confidéré, dans la perfonne de M. Sauzet de Saint-Clément, & un curé de Brioude d'une haute diftinction. »

L'acquéreur de la baronnie de Jonchères n'avait pas encore été reçu comme baron diocéfain en 1789.

SOURCES: Livre des Hommages aux évêques du Puy; Bouillet, *Nobiliaire d'Auvergne*; M. Calemard de la Fayette, *Couronnement de Notre-Dame de Pradelles*: Lachesnaye-Desbois et Badier; *Armorial général, ou registres de la noblesse de France*, par d'Hozier (5me registre, 2me partie).

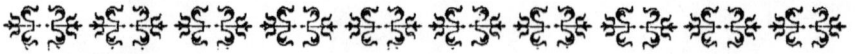

TABLE

www.ingramcontent.com/pod-product-compliance
Lightning Source LLC
Chambersburg PA
CBHW052123090426
42741CB00009B/1932